幸せになりたいけど、頑張るのはいや。

もっと上手に
幸せになるための58のヒント

ダンシングスネイル・著
生田美保・訳

CONTENTS

CHAPTER 1 ｜ がんばりすぎて 幸せを忘れた私へ

CHAPTER 2 ｜ 今日から自分に 気に入られる私になる

CHAPTER 3 ｜ 私たちの今日は 小さくて大切

CHAPTER 4 | 私の推しは絶対に私で

CHAPTER 5 | あなたはただ 幸せでいるだけでいい

CHAPTER 6 | 明日はもっと輝くはず

いつだったか駅のトイレのドアにあった文章を思い出す。

「幸せになるにはふたつの方法がある。
ひとつ目は、たくさん手に入れること
ふたつ目は、欲しいものを減らすこと」

簡単明瞭だった。
トイレではいつも哲学的な思考に出会う気がする。
私たちはよーく知っている。
幸せになるには、他人と比較しないで
すでに手にしているものに感謝し
現在に集中して生きていけばいい、ということを。
頭ではすでによーくわかっている（それができないだけ！）。

現に、幸せというものは
そんなに単純に簡単には訪れなかった。

どうすればいい？
頭で理解していることを心まで引っぱってくる方法を
どうしても知りたかった。

それで、幸せに関する本、心に関する本を読んで
著者たちがすすめる方法のうち自分にもできそうなものを
実践して、体験してみた。
そんなふうに、長年の悩みにひとつずつ向き合い
解けなかったパズルを解いていった。
そして、その過程で私が感じたり気づいたことを
ここで共有したいと思う。

私たちは子どものころから
一生懸命生きれば幸せになれると学んだ。
だけど、ある精神科の教授が言うように
「一生懸命」という基準はとてもあいまいで
誰もそのマックスに到達できないかもしれない。

幸せな人生について扱った人文書、心理学書の
著者たち（脳科学者、瞑想の専門家、心理学者など）が
共通して主張することがある。
ほとんどの人は自分自身と現在を
客観的に認識するのが難しい、ということ。

ここで面白いのは
幸せな人ほど
錯覚に近い現実認識のもとに生きていて
憂うつな人ほど
現実認識が客観的で、事実に近いらしい。

「ちょっとイッてるくらいが人生は楽しい」という冗談は
科学的根拠のあるものだったのだ。
逆に言えば、正気を保ったまま幸せになるのは
それだけ難しいということなのかも。

この本は、どうすればあなたと私が
一緒に幸せになれるかについて書いたもの。

自分の幸せだけ追求したのでは
意味のある人生に到達できないし
かといって、他人のために犠牲になってばかりの人も
自分のための時間を失ってしまう。
そのあいだをうまくとって生きていくために
昨日でも明日でもなく、今日幸せになるために
この本が小さな助けになればと願う。

CHAPTER

1

がんばりすぎて
幸せを忘れた私へ

行動に際して
あまり臆病になったり神経質になることがないように。
すべての人生が実験なのだ。
実験すればするほどうまくいく。

アメリカの思想家・詩人　ラルフ・ワルド・エマーソン

他人の反応を深く考えすぎずに

自分にできることと、できないことを受け入れ

いま見えているもの、感じていることに集中する時間。

それだけで十分にいい、そんな日。

完璧な一日じゃなくて
十分にいい一日を過ごす

〜〜〜

世の中に完璧な人がいない理由は
完璧な親がいないから、という説がある。
どの親も世の中で一番いいものを
わが子に与えてやりたいと思っている。
でも、親もやはり誰かの子で
完璧でない人に育てられたので
自分の幼いころの経験をもとに
子どもと関係を結ぶことしかできない。

私たちが親（あるいは養育者）
から与えられた精神的なもの
たとえば、自己肯定感、愛、利他心、ゆとりなどは
生涯全体にわたって影響を及ぼす。
ある親は意図せずに痛みを与えてしまうこともある。
コンプレックス、不安、怒り、挫折感などなど。

そして、それらが重なって
心の奥底にこびりつくと

自分でも気づかないうちに
ネガティブなセルフイメージが固まってしまう。

もしかしたら人生というのは
そんなふうに固まったネガティブな自分を
絶えずとり払って進んでいく過程なのかもしれない。
もちろん、ネガティブな面を一部とり払ったからって
すぐに完全にポジティブな人に変わるわけではない。
だけど、その努力は絶対に価値のあることだと思う。

固まってしまった自分を
180度変えることはできないとしても
その努力は
昨日よりちょっといい今日を
つくっていくのに十分だから。

今日という一日がしんどいと感じるときは
それでも、これまでよく生きてきたことを
同時に思い出してほしい。
あなたは自分で思っているよりずっと強い人。
日々のかたちと課題はそれぞれ違うけど
みんな、昨日よりいい今日をキープしている。

完璧な人でなくても「十分にいい人」になればいい。

完璧な親でなくても「十分にいい親」になればいい。

完璧な一日でなくても「十分にいい一日」を過ごせばいい。

勝つために
負ける方法を学ぶ

〰〰〰

平準化地域*¹で育った私は
ものすごく豊かではなかったけれど
不平等やひどい差別をとくに経験することなく
学生時代を過ごした。
生まれてはじめて階級差のようなものを認識したのは
美大入試の準備をしているときだった。
美術予備校に通うとなると少々しんどい家計だったが
両親がちょっと無理をして費用を出してくれた。
ある日、授業を終えて駅に向かう途中
予備校の友人にばったり会った。
なんと、友人は運転手つきの車に乗って帰るところだった！
あの子と私は同じ制度のもとで入試対策をしているけれど
まったく違う世界に住んでいるんだな、ということを
その日はじめて肌で感じた。
私には別の世界のように見えるものが
誰かにとっては平凡な日常なのだということも。

*1 平準化地域：韓国の高校進学における制度で、入試の代わりに、私立・公立関係なく抽選方式
で地域内の高校に割り当てられる。受験戦争の緩和を図ると同時に、すべての高校の教育条件
を平等にするという目的がある。

大学に行ったらその格差はもっと広がって
私が夏休みのあいだパン屋でアルバイトをして
足りない単位をとるために補講を受けて
ヘトヘトになっているとき
ある友人は親のお金で語学留学に行ってきて
就活の準備をしていた。

誰もがベストを尽くしているが
努力だけでは成功できない社会。
成功はただの運にすぎないと落胆する人もいる。
しかも、私たちは運でさえもお金次第な世の中を
生きているという事実を知っているだろうか。
宝くじを1枚買った人と1000枚買った人とでは
当選確率に差が出るのは当たり前。
当選確率をあげるには
挑戦回数を増やさなくてはいけないが
悲しいかな、当選できなかったときに
ついてくるコストもお金なのだ。

公平でないのは
「金のスプーン」「銀のスプーン」と言われる
経済的な資本だけではない。
生まれもった気質、育った環境、さらには外見までもが
資本となる世の中だ。
自己肯定感や回復力を鍛えられる環境で育った人と
そうでない人とでは
挑戦と失敗に使える
心理的なエネルギーの総量に大きな差がある。
結局、成功は運だという言葉も
成功には経済的、心理的、文化的資本が必要だという意味だ。

勝つためには、負ける経験も必要だ。
問題は、結果を約束できない挑戦用として使えるリソースが
非常に限られているということ。
溺れたからといって
ずっとバタバタもがいていられるだけの
十分な余裕がない。
だから、自分がもっているリソースのどのくらいを
失敗に配分できるかを熟考して
賢く選択できる要領のよさが必要だ。
ただでさえしんどい世の中
どうせなら近道を探したほうがいいから。

成功と幸せは
人生の分かれ道にぶつかるたびに
自分に合った方向に切りかえられる
柔軟な心をもった人に
訪れるものなのかもしれない。

水にうまく浮くには
水にうまく溺れる練習から
はじめること。

逃げずに
とことんさまよってみる

〜〜〜

人間関係に疲れすぎて出家を決意した人がいた。
でも、いざ出家しようとしたら
お坊さんたちのあいだでも人間関係が重要という話を聞いて
すぐにとりやめたという笑い話がある。

人間関係を避けて出家しようとしたその人みたいに
私もやりたくない仕事を避けるために職場を転々とした。
でも、別の場所に移っても
かたちが少し違うだけで、似たようなストレスの繰り返し。
毎日がんばって、自分で決めた方向に進んでいるのに
なんだか、どこか間違っているような気がした。
本当にやりたいことがなんなのかは考えずに
現実から逃げてばかりいたせいだ。

ゲーテは「人間は努力するかぎり過ちを犯すものだ」
と言った。

さまよいながら成長する人生は、それだけで価値がある。

でも、あんまり長くさまよい続けているなら

もしかして、方向キーを「現実逃避」に設定して

逃げてはいないか

疑ってみなければならない。

ここがイヤで去るのと

本当に行きたいところに進むのとでは歴然たる差がある。

あなたの人生が

逃避ではなく

本当に望む方向に進んでいけますように。

さまようのをやめたら、
成長も終わり

嫉妬心を
ファンの気もちに変える
〜〜〜

嫉妬の妙なところは
手が届かない人より
似たり寄ったりに感じられる人を見たときに強くなること。
たいていの人はウォーレン・バフェットの財産や
BTSの人気を妬（ねた）んだりしないが
波に乗っている同僚や同級生の話を聞くと不安になる。
「自分だってそのくらいできそうだけど？」
そう思った瞬間
相手の成果を認めたくない
みみっちい心が顔を出す。
こういう感情は健全なライバル心ではなく
自分をむしばむ嫉妬心だ。

この前、あるオーディション番組を見ていたら
「やきもち焼きの歌手」と自己紹介する参加者に目がとまった。
その人は、自分より上手な歌手を見ると悔しいので
普段オーディション番組をあまり見ないし
妬んで羨（うらや）むのが才能（?）だと苦笑いした。

すると、審査員席にいた作詞家のキム・イナさん[*2]が
こう言った。
「嫉妬する気もちに自分で気づいたら、その瞬間から
妬みや嫉妬ではなく、憧れと羨望に変わる」

オーディションの過程で自分の嫉妬心を正直に認めて
情熱に昇華させた彼は
結局、優勝を手にして涙した。
その涙を見たら、これまでの叶わなかった挑戦が残した
私の心の傷あとも一緒に癒やされるような気がした。

似たような感情からはじまるのに
嫉妬と憧れが私たちに与える影響はとんでもなく違う。
だから、羨ましいという感情をどう扱うかによって
自分を破壊することも
発展させる原動力にすることもできる。

そもそも、羨ましいという感情は
もっと成長したい、よくなりたいという欲求があってこそ
生まれるもの。

*2　キム・イナ：IU、EXO、SHINeeなどの曲を作詞したヒットメーカー。

だから、うまく扱いさえすれば
いくらでもポジティブなエネルギーに変えることができる。

まずは、羨ましいという気もちを素直に認めること。
相手をけなしたり、自分の欲望を無視してはダメ。
そうして、羨ましさの向こうに隠れている
本当に自分が望むものがなんなのかをよく見つめる。

その次は、相手と自分の違いを受け入れること。
そうすれば
自分の現在地や自分だけにできることが見えてくるので
相手の成功と努力を尊ぶ余裕が生まれる。
他人の成功を一緒に喜べる心。
私たちはこれを専門用語で「推し活」と呼び
別の言葉では「幸せ」という。

嫉妬心を感じる相手を
みんな「推し」に変えてしまえ。
それができれば、嫉妬は劣等感の代わりに
無限の喜びと幸せになって返ってくるだろう。

ほかの人よりうまいかどうかは心配するな。

だが、最高の自分になるための努力をやめるな。

他人はコントロールできないが

自分の努力はコントロールできるのだから。

伝説のバスケットボールコーチ　ジョン・ウッデン

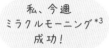

あなたの成長は私の喜び、
私の成長も私たちの喜び

*3　ミラクルモーニング：韓国で話題になっている「ミラクルモーニングチャレンジ」のことで、
　　自己啓発のために朝の時間を使って朝活すること。ハル・エルロッド著『ミラクルモーニン
　　グ』（原題：The Miracle Morning、日本語訳は『朝時間が自分に革命をおこす 人生を変え
　　るモーニングメソッド』鹿田昌美訳、大和書房）がきっかけで流行りだした。

ちょうどよく
不安がる方法を学ぶ

〜〜〜

ある心理学者が幸せに年を重ねている人たちに
幸せの条件はなにかと尋ねた。
かれらはまずはじめに
「苦痛に適応する成熟した姿勢」*を挙げた 。
これは、誰の人生にも苦痛が必然的にともなう
という意味だろう。
かたちを変えて、さまざまな問題が絶えず起こるのが人生だ。

つらいことにぶつかったとき
私たちを本当に不幸にするのは
じつは苦痛そのものではない。
本当の問題は、苦痛から逃げたり
それがないふりをして否定するときに起こる。
問題を隠したり押さえつけていると
より大きな不安につながるから。

● ジョージ・E・ヴァイラント著『幸せの条件』（原題：Aging Well: Surprising Guideposts to a Happier Life from the Landmark Harvard Study of Adult Development）韓国語版15〜16ページ、日本語版は『50歳までに「生き生きした老い」を準備する』米田隆訳、ファーストプレス

私たちは、こういう不安を全部
避けることはできないけれど
減らすことはできる。
未来を心配できる人は
未来を計画することもできるから。
不安を調節可能なレベルに下げて
うまく扱うなら
目標に向かって進むのに
いい刺激剤になるだろう。

＊デンマークの哲学者キルケゴールは
不安をほどほどに押さえる方法を身につけた人は
もっとも重要なことを学んだようなものだ
と言った。
毎日ぶつかる小さな問題に
こだわりすぎないようにしよう。
もし人生がずっと平坦だったら
どんなに退屈か。
上り坂もあれば
下り坂もあって
砂利道もあるから面白いんじゃないかな？

＊ スコット・ストッセル著『私は不安とともに生きていく』（原題：My Age of Anxiety、未邦
　　訳）53ページ

もちろん
未来についてさまざまな可能性を考えることは
わくわくするけれど
不安なことでもある。
いろいろ考えすぎてしまうときは
ただやりたいことをするのが一番。

**人生の答えは決まっているのではなく
見つけていくものだから。
やってみないうちは誰にもわからない。**

一日一日は真面目に、人生全体はなるがままに。
映画評論家 イ・ドンジン

人生とは嵐が過ぎ去るのを待つことではない。
雨のなかで、どんなふうにダンスするかを学ぶことだ。

ヴィヴィアン・グリーン

しなければならない理由より
したい理由を語る

〜〜〜

名士や偉人たちの成功物語に必ず出てくる要素がある。
それは、自身を成功に導いた「コンプレックス」の話だ。
必ずしも偉人まで行かなくとも
身近な人たちの人生で
コンプレックスを原動力にして望みを叶えてきたケースは
いくらでも目にする。

成人期まで私をつかんで引っぱってきたのも
やはり数多くのコンプレックスだった。
でも、そのありがたいはずの欠乏感が
いつからか、もううんざりになった。
不完全、克服、競争。そういうものに嫌気がさして
ついには「自分との闘い」みたいな決まり文句さえもが
イヤになった。
どうして私たちは一生誰かと、あるいはなにかと闘って
それを克服して生きていかなくてはならないのか
疑問になりはじめたのだ。

欠乏感や劣等感をエネルギー源に変えて
目標を達成する人生もすばらしいが
ある時期が来たら、そういうやり方に別れを告げるべきだ。
欠乏感という燃料を繰り返し使用しているうちに
「私はまだまだ不十分」という考えが
内面の奥深くまでしみついてしまうから。
そんな不快な気もちを胸に、血の涙を流しながら走ったら
いくらも行かずに疲れてしまうのは当たり前。
コンプレックスが唯一の動機になっている人は
過程を楽しむこともできない。
だから、努力を持続可能にしてくれる
もっといい別の動機を探し続ける必要がある。

長いあいだ、コンプレックスというのは
それを克服できたときだけ効果を発揮すると考えてきた。
だけど、ドラマや映画を見ていて一番情が湧く登場人物は
いつもどこか不完全な人ではないか。

キズや欠点は私たちを人間的で愛らしいものにする。
それだけで役割を果たしているのだ。
コンプレックスが絶対に克服の対象や
成功のための道具にならなくてはいけないわけではない。

足りないところを抱えたままの自分でも
私たちは十分に成長できる。
日常生活で気分をアップさせてくれる
些細なことを見つけて
いまできることを楽しみながら
楽しい気もちで目標に向かって進んでみよう。

「しなければならない理由」より
「したい理由」を見つけたとき
私たちはもっと長く歩き続けることができる。

私の経験は、
私を愛らしくする。

没頭がもたらす
幸せを味わう

〜〜〜

もはや心の風邪のように日常になった無気力症。
無気力症というと、なにもできずに
一日中ゴロゴロしている姿を想像されやすい。
もちろん、それも無気力症の主な症状のひとつではある。
でも、人によっては
無気力なときに
かえって忙しく動き続けたりもする。
ぱっと見には活動的で
エネルギーにあふれているように見えるが
実際は、現在にしっかり集中できなくて
本当に重要なことは避けているのだ。

私たちがすべきことに集中できないのは
たいがい「やってもダメなんじゃないか」
と不安なせいだ。
望んでいた結果が出なかったときについてくる
失望感や挫折感から目をそらすために
やるべきことを先延ばしして

その負い目にふたをするつもりで
別のことをして忙しく時間をやり過ごす。
だから、はたから見て
どれだけ活気に満ちて見えるか
あるいは沈んで見えるかよりも
本当に没頭した状態にあるかどうかが
より重要なのだ。

こういう「忙しい無気力」現象の原因として
心の姿勢だけを責めるのには無理がある。
私たちは、いまだかつてない大量の
デジタルな刺激のなかで生きているからだ。
それに、機械がどんなに人の仕事を代わってくれても
どういうわけか
私たちはいつも時間が足りない！
それで私たちは、本を読むときも
料理をするときも、ごはんを食べるときも
スマートフォンを見ながらマルチタスクをする。
歩いているときでさえ
３歩に１回はスマートフォンをのぞくのだから
自分のなかの不安と向き合う暇もない。

これらの邪魔から逃れるには
まず、十分な時間をかけて
内面の不安を受け入れなければならない。
そして、多すぎる選択肢を拒んで
一番重要なことに集中してみよう。
積極的に現在にとどまる。
そうすれば、深い没頭がもたらす
濃厚な幸せを味わうことができるだろう。

観想的な状態において、人はいわば自己から飛び出し
この自己を物のなかへと没入させる。

『疲労社会』 ビョンチョル・ハン

● ビョンチョル・ハン著『疲労社会』横山陸訳、花伝社、40ページ

思考と感情が宿る場所、
そこに私の人生がある。

ネガティブな感情に
つぶされない

〜〜〜

昔、『ほめ言葉はクジラも踊らせる』[*4]という本が
ベストセラーになり
全国的にほめブーム (?) が起こったことがあった。
その影響か、厳しくしつけるより
ほめて育てようという雰囲気が一時期広まった。
「ほめ」が全国を席巻すると、専門家たちは
無条件にほめることの副作用についても
論じるようになった。
ほめることはとにかくいいことだと思っていたのに
悪いほめ方もあるという事実は衝撃的だった。
ほめて育てればクジラだって踊れるようになるが
人間の心理は
それより複雑なメカニズムで作動するためだった。

過程ではなく結果だけに限定してほめると

[*4] ケン・ブランチャードほか著『ほめ言葉はクジラも踊らせる』(原題：Whale Done!: The Power of Positive Relationships)、日本語版は『シャチのシャムー、人づきあいを教える ポジティブな人間関係の驚くべきパワー』(羽賀芳秋訳、早川書房)

それによって生まれた肯定的な感情が
いずれ害になることもある。
肯定的な感情をもてるのが成果や成功だけだと
ずっといい結果を出し続けられなかったらどうしよう
と不安になるからだ。
そうなると、成功できなかったときは
自分をつまらない人間と見なす危険な考えに
つながりかねない。

反対に、悪い状況で感じるイヤな感情も
ときには役に立つこともある。
否定的な感情から危険を感じとることで
のちのち同様の危険が迫ったときに
それに対処できる。
ただ、注意すべき点がある。
もしなにかでミスをしたとき
それによる否定的な感情から
「私はこんなこともまともにできないダメな人間だ」
という考えにつながらないように
気をつけなければならない。
そういうときは、単純に「うまくいかなかったな」と
出来事自体に対して否定的な感情をもつだけで十分。
それからまた自分にできることを探せばいい。

生きていたら、誰しも
ポジティブな感情とネガティブな感情の
両方を感じることになる。
それはしかたがないことだ。
私たちにできることは
その感情と自分自身を同一視しないで
分離する練習のみ。
そうやって生きていくなかで感じる
さまざまな感情に
つぶされないで
ただやり過ごせるように。

なにかがうまくいかなかったからって
自分がダメな人間なわけじゃない。
それはただの出来事にすぎない。

日常的なストレスと
不幸を区別する

〜〜〜

体が疲れていたり
気が立っているときは
数日経てば気にならなくなることでも
人生全体が不幸になったように大げさに考えがち。
でも、過ぎてみると
不幸と名づけて巨大に見えていたものが
じつは、単純なストレス状態である場合も多い。

困難に直面したときに私たちが感じるストレスは
体の火災報知器のようなもの。
報知器のおかげで大きな火災になる前に対処できるように
ストレスは
私たちの脳がネガティブな感情に飲み込まれて
完全に故障してしまう前に
十分に休みなさいというメッセージを送る。

火災報知器が鳴ったからって
いつも大火事になるわけではない。
ストレスも、私たちがもっと大きな不幸を迎える前に
自分の心と体をケアするよう
あらかじめ信号を送るだけだ。
だから、日常的なストレスと不幸を区分できるようになろう。

私たちの脳はネガティブな刺激により敏感に反応するので
困難を前にしたときに習慣的にネガティブな解釈をしやすい。
だから、ストレスを受けるたびに
小さなことを大きく拡大解釈しないように
意識的な練習が必要だ。

習慣的に下している否定的な判断が
どのくらい事実に近いのか
根拠はあるのか、自分に問いかけて反論してみよう。

幸せへと進む道には、必ず苦難と苦痛がついてまわる。
困難にぶつかるたびに
「この世の終わり、自分はもうダメだ」と
毎回拡大解釈していたら
望みの場所まで到着するパワーなど出せっこない。

幸せと不幸を分けるのは
状況そのものではなく
その後の自分の解釈と態度であることを
忘れないで。

自分だけの速度と
方向を見失わない

〜〜〜

自分よりいい成果を出している人を見ると
なにげにその人の年齢が気になる。
そんなときは「年齢は数字にすぎない」という
いつもの格言を思い出してみるが
やっぱり理論と現実は異なるのか。
年齢にしばられる文化に息苦しさを感じながらも
同時に私自身もそのなかにどっぷりつかっている。
「私よりずっと若いのに、もうあんなに成功してるの？」
恥ずかしいが
こんなふうに比較してライバル視する気もちが
反射的に飛び出してくる。

学生時代にはじまった成績順のランクづけが
年をとって死ぬまでついてくるような気分だ。
他人よりもっといい大学に行って
もっとお金を稼ぎ
もっといい体型を維持して
もっといい車、もっといい家を手に入れ

そこそこの年齢で結婚＆育児市場に飛び込み

中年期には行き遅れないうちに子どもを結婚させ

老年期にはみんなと同じように孫の面倒を見る

そんな息も絶え絶えの全力疾走。

こんな雰囲気で、誰が

競争から自由でいられるだろうか。

「競争力＝存在価値」となる社会。

昇進や転職、あるいは退職といった個人レベルの変化では

この巨大な競争の荒波から完全に

抜け出すのは難しいように思う。

単に、こちらの競争からあちらの競争に移るだけ。

おそらく、私たちがとりうる最善の方法は

世の中を眺める姿勢を変えていくことだろう。

だから私たちには、競争で遅れをとっても

自分の価値をすべて見失わずにいられる心が必要だ。

自分の存在価値の基準を外部だけではなくて

内部にももっていなければならない。

「試験で落ちたとしてもベストを尽くしたから後悔はない」

「面接で落ちても

私にはまた別の仕事に挑戦する勇気がある」

というふうに。

比較していたらきりがないし
人生には正解がないということを
ちゃんとわかっているのに
評価される環境に子どものころから慣れ切った私たちは
いつも他人の人生をチラチラ見て、自分の人生を疑う。
早くに結婚した人は「もっとあとでもよかったのに」と思い
結婚していない人は既婚者と自分を見比べて不安になる。
羨ましがったり不安になる気もちはしょうがない。
人間だから、そういうこともある。
ただ、その考えにとらわれすぎて
自分のペースを見失わないようにしたい。

誰よりも早い成功ではなくて
自分のペースで成長できますように。
誰よりも完璧ではなくて
自己満足に向かって進んでいけますように。

成功よりも成長、
完璧よりも自己満足！

悲劇的な想像に
とらわれない

〜〜〜

知らない人ばかりの集まりや仕事の打ち合わせに行くときは
決まって事前にその場面を想像するくせがある。
当然ながら現実は私の想像とは全然違って流れるから
前もって準備した言葉なんか宙に散ってしまって
まったく役に立たないことが多い。
それを知っていながら、頭のなかでは
いつの間にかシミュレーションがまわっていたりする。
迫りくる状況が怖いから。

こういう不安な感情を調節するのが難しいときは
考え方をまず変えるのがいい。
頭のなかで繰り広げられる最悪のシナリオは
映画館で上映される映画で
自分は観客だと想像してみよう。

つまり、脳がつくり出した虚像にすぎないことを思い出して
さっさと現実に戻ってくるのだ。
そうすれば、現実と思考を分離して

状況を客観的に見ることができる。
思考と感情はお互いに影響し合うので
事実をありのままに見る練習は
ネガティブな感情を落ち着かせるのにも有効だ。

それでもやっぱり怖いなら
浮かんでくるネガティブな考えを
文章に書き出してみるのもいい。
そして、周到な探偵になりきって自分に聞いてみよう。
「それが起こる可能性は現実的にどのくらいか」
「もし実際に起こったら、どんな対処方法があるのか」と。

勇気とは、なにひとつ恐れず
大胆であることを意味するのではない。
ぱっと見には勇気ある行動をする人でも
心のなかではブルブル震えている場合もある。
なにかを前にして全然怖くないとしたら
それは、それほど重要なことではないという
証拠かもしれない。
選択のあとについてくる困難に不安を覚えながらも
自分が正しいと信じる行動をとるのが本当の勇気だ。

自転車で世界中を駆けまわる
自転車旅行家のチャ・ペクソンさんの言葉が好きだ。
*「マウンテンバイクに乗って山を下りるとき
前にある石や木の根などの障害物を見ると
急に怖くなって、必ず転ぶものだ。
そんなときは思い切ってぱっと通りすぎてしまったほうが
むしろ安全だ」

人は想像しすぎると勇気を失いやすい。
だから、無理だという考えにとらわれる前に
ただやってみよう。

考えすぎないこと。
不安こそが勇気そのものだということを覚えておこう。

• 「中年のターニングポイント3：チャ・ペクソン氏—大企業の常務から自転車旅行家に」（東亜日報、
2009年3月3日、https://www.donga.com/news/article/all/20090303/8703295/1）

勇気とは、怖がらないことではなく
怖いけど、ずっと進んでいくこと

作家　アンジー・トーマス

毎日を生きていく。それだけでも
あなたはすでに勇気ある人

やってみよう、やってみよう、やってみよう。後悔せずに。

バレーボール選手 キム・ヨンギョン

CHAPTER
2

今日から
自分に気に入られる
私になる

大切なときはひとつしかない。
それはいまだ。
いまが一番大切なのだ。
一番大切な人は、あなたといま、ともにいる人だ。

トルストイ

自分だけの部屋を
見つける

~~~~

去年の冬、実家を出て
はじめて自分だけの空間を手に入れた。
バラ色の毎日を期待していたのに
私の前にはいくつか不運がひそんでいた。
引っ越して間もなく
凍って破裂した水道管から下の階に水漏れしてしまい
修理代の問題で大家ともめたのがはじまりだった。
それからしばらくして
古くなったドアノブが壊れて家のトイレから出られなくなり
119番に助けを呼んだり
毎晩、隣の家の人が下の階の人と
騒音問題でケンカする声にピリピリしつつ
「ニュースに出るような事件が起きたらどうしよう」と
息をひそめて暮らすはめになった。

一連の事件（?）以降
私は家という空間の意味を改めて考えるようになった。

ある空間がもつ本質的な意味は

心理的な安全が保証されないと、そのぶん色あせる。

家が自分の空間としての役割を果たさないとき

人は代わりの空間を探す。

おそらく、そういう理由でカフェに行く人もいるだろう。

カフェで時間を過ごすことを

見栄やぜいたくだととらえる視線もある。

しかし、ある人にとってはそこが

必死に見つけた自分の唯一の空間かもしれない。

誰にでも自分だけの部屋が必要だから。

生きていくなかで足を踏み入れる空間を

すべて自分のものにすることはできないけれど

そこで過ごした時間だけは自分のものになる。

快適な空間で感じた心地よい気分と

その記憶は人生の一部になるだろう。

だから、私たちは今日もカフェに行く。

人生を豊かにする方法
それは、思い出の空間を
増やしていくこと

ニセモノの自分を
脱ぎ捨てる

〜〜〜

あるラジオ番組で
「見栄」というテーマで寄せられた
リスナーのおたよりを紹介しているのを聞いた。
買いものをするときは
とにかくなんでも「一括払いで」と言って
帰宅してから電卓をたたくというリスナーの話に
ゲストも、パーソナリティ自身も
12か月払いにしたいのにまわりの目を気にして
とりあえず一括払いにしたことがあると
正直な体験談をつけ加えていた。

私もお店を見て歩いていて
なんとなく店員さんの目が気になって
買うつもりもなかったものを買ってしまった経験がある。
どうせもう会うこともない相手なのに
なんでそんなに気にしたのだろう。
どうして堂々と出てこられなかったのか。

振り返ってみると、そのときは心の奥底に
一種の劣等感みたいなものがあったように思う。
カッコ悪いんじゃないかと。
自分に自信がないときほど
つまらないプライドが猛威をふるう。

みんな、自己肯定感の低さを隠すために
キラキラのなにかで自分を幾重にもラッピングする。
包みをはがしたら空っぽの自分を
受け入れる自信がないからだろうか。

ときには、ニセモノの自分を脱ぎ捨てて
素直になる勇気が必要だ。
ないものをあるように見せようとして
つまらない枠のなかに自分を閉じ込めるのはやめよう。
本当に重要なものは、すでにあなたのなかにあるのだから。

本当の自分と向き合うために。
見せかけは不要。

結果に関係なく
自分の人生を愛する

〰〰〰

フリーランスで働いていて一番自信をなくすのは
仕事の依頼がないときと
安く買いたたかれたと感じるとき。
作品の商業性と芸術的価値は別物だとわかっているけれど
「できるだけ安くお願いできるか」
というニュアンスの注文が入ると
どうしても、自分自身に値段をつけてしまう。

実際、資本主義社会において
ほとんどの分野の人件費は
労働者自身の能力よりも市場の相場によって決まる。
だから、自分の年俸がいくらちっぽけであっても
自分の労働の価値が
実際にその程度という意味ではない。

でも、仕事にありつくまでに流した血と汗と涙が
月給というかたちで
ぺちゃんこになって返ってくるのを目の当たりにすると
これまでの努力や過程全体に対し懐疑心が芽生える。

仕事以外にも、多くの面で私たちは
結果によって過程全体を判断している。
結果がよければ過程もよかったと感じる一方で
満足いく結果でなければ、過程全体を否定してしまう。
たとえば、親になった人は
子どもという結果がもたらす幸せがなによりも大きいから
大変な出産の過程も肯定的に記憶して、また出産に挑めるし
つらい別れを経験した人は
過去の恋愛の過程全体を否定的に歪曲して記憶するように。

でも、人生を構成するのは
結局、現在がつながった過程の集合だ。
それらしい結果でなかったからといって
過程までボロクソに言ってしまうと
自ら人生全体の評価を下げることになる。
結果を冷静に分析しながらも
その過程が与えてくれた経験的価値は
結果と切り離して考えなくてはいけない。

他人には結果しか記憶されないとしても
自分までもが自分をそういう目で見るのはやめよう。

結果に関係なく

人生の過程を愛せる自分になれますように。

今日もおつかれ！

退勤後は
仕事のことは考えない

〜〜〜〜

働いていて
自分はいくらでも代わりがきく人間なんだと
肌で感じるときほど、へこむことはない。
パンのかけらをせっせと運ぶアリの群れのうち
一匹くらいいなくなっても誰も気づかないまま
働きづめに働いて
気づいたらみんな年老いているのではないか。
業務にどんなにすてきな名前をつけたとしても
私を雇っている会社や組織は
かれらの利益以外に
私の価値なんかにはとくに関心がないのが現実だ。
組織は、ひとりの労働者が使えなくなったら
できるだけ安いコストで空きを埋め続けるだけ。
まるで、通行人1、通行人2、通行人3といった
エキストラがずらりと並んだ一本の芝居のように。

最近では、少しでも安い人材が喜ばれ
人工知能にとって代わられる脅威（きょうい）まで受けている。
これまで人間にしかできないと思われていた
創作の領域にまで入り込んできて
絵を描いて、シナリオを書く最近のAIを見ていると
冷や汗が出る。

いまの機械は人間より効率的に動くだけでなく
人の頭脳よりもはるかに優れた思考をする。
もはや、人間だけにもてるものは
温かい心から生まれる人間性
そして創造性だけだ。
しかし、その人間性や創造性というものは
機械のように休まずに働いてばかりいては発揮できない。
人の脳はいっぺんにふたつのことを上手にこなせないので。
休まない脳からは創造的なアイデアは出にくい。
だから、私たちはみんな
ちょっと休まなくてはいけない。
社会がある人を別の人に
そして人を機械に置きかえようと脅（おびや）かすほど
私たちには積極的な休息が必要だ。

まず、退勤後には仕事のことを考えるのを
やめることからはじめてみよう。
どうしても終わらせなくてはいけない仕事があれば
さっさと片づけ
終わった仕事を何度も思い返したり
明日すべきことにしばられすぎてはいけない。
余裕があれば、できるだけ長く
心を空っぽにする練習もしてみよう。
そして週末には
しなければならないことよりもしたいことをして
好きな人たちとともに時間を過ごしたい。

私たちは「一生懸命やれば成功する」と習っただけで
仕事がもたらす意味などは
きちんと考えたことがない。
自分の代替可能性についてもう一度考えてみる。
職場で私は、いつでも、いくらでも代わりがきく人間だ。
でも、家族、友人、恋人にとっては
私たちは代わりがきかない「たったひとり」。
この世のすべてが私を別のものに
差しかえようとするときでも
かれらは私をたったひとりの
主役のままでいさせてくれる。

代替可能な「労働者１」になる現実に傷ついた日でも
私たちは、お互いにかけがえのない
大切な存在であることを忘れないでほしい。

明日できることは今日するな

トルコの格言

自分がしたことを
自分で認めてあげる

〜〜〜

韓国語の字幕のついた映画を見るたびに
いつも疑問に思っていたことがある。
「ユアウェルカム」の訳語がいつもこうだということ。

Thank you.（ありがとう）
You're welcome.（どういたしまして）

日常生活で誰かにありがとうと言われて
「どういたしまして」という芝居がかった返事をする人を
見たことがあるか。
いや、これまで「どういたしまして」と
口にしたことがあったか。
「どういたしまして」を辞書で調べてみると
「なにかをいたしたわけではありませんという意味で
相手の言葉を否定したり、謙遜の意を表すときに使う言葉」
と出てくる。

私たちがよく「いえいえ」とか「いいよ、別に」
と答えるときと
似たような意味だ。

では、なぜ「ユアウェルカム」を
韓国語では「いえいえ」と意訳するしかないのだろう。
ありがたいって言ってるのに
いいえってどういうこと？
韓国語には、相手の感謝を受け入れるのに
謙遜しすぎない表現はないのだろうか。
韓国語を勉強している外国人が聞いたら
相手の感謝を否定しているように聞こえるかもしれない。
つまり、こういうふうに。

Thank you.（ありがとう）
No.（いえいえ）

誰かをほめる会話でも同じ。
「すばらしい（Great）」とほめると、韓国人は
「ありがとう（Thank you）」の代わりにまた
「いえいえ（No）」と言う。

とくに、年齢などの力関係において
自分が相手より下にあるときにそうなる。
社会的にそれが礼儀正しい行動だと教わってきたから。
それに、個人主義的な西洋文化に比べて
人間関係に重きを置く韓国文化では
会話をする際
自分より相手の気もちのほうが重要視される。
だから、自分自身を下げる文化が
言葉をはじめ、日常生活にくまなく浸透している。

謙遜が悪いというわけではない。
ただ、「この程度のことはほめられたことではない」と
自らの成果をできて当然のことと見なす過度な謙虚さが
厳格な自己評価につながらないよう警戒すべきだということ。
ただでさえ、ほめ言葉を出し渋る世の中だから
自分だけでも、自分をちょっとほめていいことにしよう。

これからは、ほめられてうれしいときは
「いえいえ」の代わりに「ありがとう」と言って
軽くほほえんでみてはどうだろう。
自分がしたことを自分で認めてあげよう。

ときには意図的に
断つ

〜〜〜

先日、カカオトークのシステム障害で
数時間ほどメッセージの送受信が止まったことがあった。
ポータルサイトで「カカオトーク　障害」
で検索してみたら
すでに多くの人たちから抗議のコメントが殺到していた。
残業中に仕事の資料が送れなくなって帰れずにいる人や
好きな人に告白したあとやきもきしている人など。
みんな、早く復旧させてくれと大騒ぎだった。
他人とのネットワークがたった数時間切れただけなのに
全国民の生活が麻痺してしまったような感じだった。
こんなにも人間関係にがんじがらめになって
暮らしていたとは。

メッセンジャーアプリだけではない。
SNSをしていると
他人からの関心に中毒になっていくようで
たまに怖くなることがある。

インスタグラムのフォロワーが3人増えても
アンフォローした人がひとりでもいれば
たちまちしょげ込んでしまう。
実際、これはSNSの会社が狙ったとおりの結果だ。
ゆっくりと、音もなく
不安の声が私たちの内面に浸透すること。

「アンフォローの数を挽回したけりゃ、もっとアップ！」
「関心がもっと必要なんじゃ？」
「みんながどれだけ楽しい時間を送っているか見てみなよ！」

とり残されることへの恐れ。
つまり、フォーモ*5（FOMO、Fear Of Missing Out）の
せいで
人はいつも
自分が間違った選択をしたように感じる。
週末に家でごはんを食べて、本を読み
静かで充実した時間を過ごしたのに
SNSで知人たちの集まりの写真を見た途端
不安に襲われる。

*5 フォーモ：もともとは「とり残されることを恐がる」という意味があり、転じて現在では
　　「SNS依存症」を意味するようになった。つねにSNSをチェックしていないと気がすまない
　　人を表すときに使われる。

SNSの会社は、こういうやり方で
ユーザーを自己不信に陥れる。
私たちがもっと不安になって
多くの時間をSNSに捧げるほど
かれらの広告主は
絶えず人々に不要なものを買わせることができるから。
私たちの関心と時間は
こうして自分でも知らないうちに
市場で取引される。

フォーモのせいで自分を見失わないようにするには
もっとたくさんのジョーモ*6(JOMO、Joy Of Missing Out)
つまり、この瞬間に集中して楽しむことが必要だ。
主体性を守るために
しなくてもいいことはしない能力が
なによりも必要な時代。
「足す」よりも「引く」。
心の部屋に幸せを呼び込むには
まず空きスペースがないと！

*6 ジョーモ：「とり残されることの喜び」という意味。つねにSNSとつながっていなければならない不安（フォーモ）から解放され、目の前にあることを楽しみ自分をとり戻そうという考え方。

余計な心配、過度な不安、疎外感の恐怖。
そういうものをとり除く
心の分別作業からはじめてみよう。

その手はじめに
私ならではのSNSデトックス法を紹介しよう。
平日にはSNSの使用時間を決めておき
週末にはSNSアプリそのものを削除してしまう。
すると、またダウンロードして、ログインするのが面倒で
だんだん使わないようになる。
そして、その時間だけは
津波のように押し寄せる情報を
積極的に遮断するようにしている。

ふたたびカカオトークの話に戻ると、その日
多くの抗議コメントのなかでひときわ目を引くものがあった。

「仕事の連絡が来なくていいですね。
明日までずっと通信障害だったらいいんですけど。
サーバー点検、ゆっくりやってください〜^^」
新鮮な発想の転換だった。

たまには意図的な断絶が必要だ。
自分の生活に割り込んでくる不必要な刺激を遮断し
過剰なネットワークの束縛から逃れるために
私たちには
携帯電話をしばらく切っておく自由が必要なのだ。

孤独とは、ひとりぼっちの者の心境ではなく
求めていないものとのつながりを切った者が
手に入れた自由だ。

『隠遁機械』 キム・ホンジュン

● キム・ホンジュン著『隠遁機械』(未邦訳) 62ページ

いま想像しているのは自分が望む人生。
完璧でも簡単でもない、でもシンプルだ。
そのためには邪魔なモノを
手放さなければならない。

——『Simplicity: Essays』の著者　ライアン・ニコデマス

● Netflixドキュメンタリー「今求められるミニマリズム (The Minimalists：Less Is Now, 2021)」 より

変な人、失礼な人のために
消耗しない

〜〜〜

気さくで優しそうだけど、よく見ると
その下に鋭いツメを隠して近づいてくる人たちがいる。
建設的なアドバイスのふり、理性的な批判のふりをした
かれらの言葉は、いつも冷笑に満ちている。
なかにはまれに、そのときはムカッとしても
時間が経つと、ありがたく感じられる言葉もある。
でも、多くの場合
アドバイスの仮面をかぶった非難やおせっかいは
あまり役にも立たないし
ただイヤな気もちになるだけ。

失礼なことを言われたときの理想的な対処法は
相手の間違いをはっきりと指摘することだ。
でも、それが性格に合わなかったり
疲れると感じる人たちのために
生活の知恵をいくつか共有したいと思う。

1）全然関係ない返事をする

それとなくマウントをとってくる人に接するときや
陰口に交ざりたくないときに活用できるのがコレ。

「キムさんの今日の服、見た？
芸能人かなにかのつもり～？
ホント、目立ちたがり屋だよね」
「あ、はい。そういえば
今日の午後雨らしいですけど傘もってきました？」

2）あいまいに答える

あいまいな単語だけを何個か繰り返し使うことで
過干渉に対処する方法。
笑ってAIのように同じ答えを繰り返せば
たいていの質問はかわせる。

「今日メイクが濃いねぇ。仕事帰りにデート？」
「とくに、まあ……。^^」
「えー、なにその返事。
あなた、ちょっとまどろっこしいところあるよね」
「そうですねぇ……。^^」

悪意をもって私を押さえ込もうとする人に会ったときは
可能なかぎり強く対処したり
最初から無視して避けるなど
思い切った選択をしなければならないこともある。
でも、歯を食いしばって飛びかかってくる人に
同じように歯を食いしばって立ち向かった瞬間
相手のシナリオに巻き込まれるのは時間の問題。
変なことを言われて感情的に対応したところで
ストレスが残るだけかもしれない。

人生は長く
生きていくなかで出会うすべてのゲスどもに
自分の大切なエネルギーを費やす必要はない。

だから、すべての状況を深刻に受けとめないこと。
誰かがふざけたことをぬかしたとしても
それは単にその人の人格の問題であって
私がそれに定義される必要はない。

これは、みんなキミのためを
思って……

口で屁こいてないで、
本当に私のことを思うなら、
黙っててくれる?

すぐに白黒つけない
大人になる

〜〜〜

結婚に関する古い冗談にこんなのがある。
「結婚前に相手の長所だと思っていたところが
結婚後には短所になり
短所だったところがむしろ長所になりもする」
この世のすべてに長所と短所があるのだから
笑い話ではあるけれど
ある意味、人生の本質をついている。

また、昔から
「人は変わらない」という言葉がある。
誰かの悪いところに目をつぶるようなときに主に使われる。
だけど、同じ意味を「あの人はブレない」と
肯定的なニュアンスで使うこともある。

どう眺めるかによって「一貫性」という特性が
長所にも短所にもなるのだ。

たとえば、共感能力が高いことだって
教師や看護師であれば長所になるが
軍人であれば短所にもなる。
こんなふうに、性格の特徴は単に個性であって
それが長所になるか短所になるかは
まわりの状況や文脈によって変わる。

私たちは
人にはそれぞれ永遠に変わらない本質的な特性がある
と信じている。
他人の特徴をさっさと断定してしまえば
それに対する自分の態度を決めるのも簡単だから。
そのせいで、人は環境や状況によって変わるということを
受け入れられないこともある。

私たちはみな、人生のさまざまな文脈のなかにいる。
私にとってかけがえのない親友が
ある人にとってはつらい傷あとを残した恋人かもしれないし
偏屈で気難しい同僚が
恵まれない人たちを助ける心温かな寄付者かもしれない。
世の中には絶対的によいことも
絶対的に悪いこともない。

だから、自分と相手のふたりだけの関係において見える姿が
その人のすべてではないことを理解しなくてはいけない。

すぐに白黒つけないでいられるようになったとき
私たちははじめて大人になる。

もの<ruby>善<rt>よ</rt></ruby>し<ruby>悪<rt>あ</rt></ruby>しは考え方ひとつで決まる。

『ハムレット』 シェイクスピア

すべてのものは美しい。
だが、すべての人にそれが
見えるわけではない。

孔子

自分自身のために
寛大になる

〜〜〜

私は「負けるが勝ち」とか
「少し損するくらいがちょうどいい」
といった言葉が大っ嫌いだった。
親切にすると
それを自分の権利だと誤解する人たちのせいで
イヤな思いもしたし
事情を汲んで譲歩してやって
バカをみたこともあるから。
明らかに私に法的な権利があるのに
法律どおりにまわらない世の中のせいで
もどかしい思いもした。
けれど、それよりもっと腹が立つのは
そのたびにがまんしないでいちいち声をあげると
かえって自分のほうが苦痛を味わうことになる
という点だった。

年をとって気づいたのは
大人になると丸くなるのは

成熟したからではなくて
重要でないことで闘う気力がもうないからだ
ということ。
誰かと言い争ったり
長い間、感情をむき出しにして闘うと
それが解決したあとも不快な気もちが続いて
自分を苦しめる。
その場ではスカッとするかもしれないが
長期的にはメンタル面の損失が出る。
とくに、公的な人間関係においては
失礼な目にあったからといって感情的に反応すれば
キャリアにも影響を及ぼしかねない。

要するに
やられたぶんだけやり返そうという思いが
自分をむしばむことになる。
復讐は勝者のいないゲームであり
感情は伝染しやすいので
攻撃性を表に出せば出すほど
怒りが和らぐどころか
ますます強くなってしまうことも。

以前は、不快なことや納得のいかないことが起きたときに

その場で感情を表に出さないと
内側でメラメラ燃え上がって
夜も眠れないこともあった。
けれど、あるとき
そんな必要はないことに気づいた。
世の中ではつねに正義が勝つわけではないとしても
私の心のなかでだけは
いつだって善が悪に勝つと信じることにしたのだ。
悪い心というのは、結局
自らを飲み込むものだ。
だから、こちらが気をもまなくても
他人を傷つけた人の心は、すでに地獄だろう。

イヤな状況に耐えなくてはいけないときは
いったん怒りはわきへ置こう。
でも、これは怒りを無条件にしずめろ
という意味ではない。
怒りをがまんすることは精神衛生上
大変よくないから。
そんなときはまず、自分を苦しめている状況が
生死にかかわる問題なのか考えてみるといい。
もしそうでなければ
ことの重要度以上に感情を費やしていないか

それが長期的な損失になって返ってこないか考えてみて
自分のために、ちょっとズルい判断をしてほしい。

ありきたりな話だけど
その次に理想的な段階はゆるすことだ。
スタンフォード大学の「寛容プロジェクト」によると
ゆるすことは、ストレスを下げ、自信を高めるだけでなく
免疫力を高めて心血管疾患と慢性的な痛みを減らすなど
実際に身体の健康にも有益だという。*
そこまでいけば、ゆるしはもう「超お得」じゃないか。

もちろん、世の中にはゆるされる資格さえない
悪さをする人も確かに存在する。
でも、もう過去になった誰かの行為のせいで
ずっと苦しんでいるなら
その人にいつまでも支配されたままでいるようなものだ。
だから、もうどうでもいいことに
自分をしばりつけるのはやめよう。

* シャウナ・シャピロ著『マインドフルネス』（原題：Good Morning, I Love You、未邦訳）
　169ページ

私を傷つけた人について
深く考えないことにした。
アホひとりのために、大事な今日という日を
台なしにしたくないから。

理解できないことを
理解しようと気をもまない

〜〜〜

女優のユン・ヨジョンさんが好きだ。
映画「ミナリ」でアカデミー賞助演女優賞を受賞したときの
スピーチがしばらく話題になったが
その映像を見て
私は彼女のことをもっと知りたくなった。
そうして目にしたあるインタビュー記事で
こんな話を読んだ。

*昔は小さな役しかまわってこないし
みんなから嫌われてつらかった。
視聴者から
離婚した女はテレビに出てはいけないとも言われた。
なのに、いまは私のことをとても好いてくれて
変じゃない？
変だけど、人間ってもともとそういうものなのよね。

● 「ミナリ」ユン・ヨジョンNYTインタビュー「快活な笑みに自然な気品」（KBS NEWS、2021
年4月3日、https://news.kbs.co.kr/news/view.do?ncd=5154518）

これを読んで私は

理解できなかった過去の関係を思い出した。

心を開いて近づいても、遠くなる一方だった人たち。

理解しようとしても、寂しさを振り払えなくて

頭のなかがぐちゃぐちゃになった相手。

もしかしたら、その人たちとは

自分がなにか悪いことをしたせいで

疎遠になったわけではないかもしれないのに

しきりに自分に原因を探そうとしていたように思う。

いまは、人間関係の悩みで心が落ち着かないときは

彼女の言葉を思い出して考える。

変だけど、人間ってもともとそういうものなのだ。

私を好きだった人が私を嫌いになることもあるし

私を嫌っていた人が私を好きになることもある。

人間関係に問題が生じたとき

原因をいくら分析したところで、あまり役に立たない。

分析は、友情や愛をよみがえらせてもくれないし

葛藤を解決してもくれない。

だから、他人の言葉と行動の裏に隠れた意味を

無理に知ろうとするのはやめよう。

「あの人は、私にどうしてあんなことしたんだろう」
そんなことを考えて、何度も思い出したり
相手の心を勝手に憶測しないだけでも
人生と人間関係はずっと楽になる。

私たちはみんな異なる環境で生きてきたので
お互いを100パーセント理解することも
その内情をすべて知ることもできない。
だから、相手の言葉と行動をありのままに受け入れよう。
これ以上、理解できないことを理解しようと
気をもむのはやめよう。

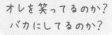

憶測禁止

自分と違うことを
認める

~~~~~

あるバラエティ番組でタレントのソン・ウニさんが
生きていて理解できない瞬間にぶちあたったときに
何度も思い起こした言葉を紹介しているのを見た。

「(あいつらには)そう言わせとけ」
「うむ……それもしかたない!」

このふたつは、歌手のヤン・ヒウンさんから聞いて
心に刻んだものだそうだ。
このシーンがSNS上で人気を呼んで
ヤン・ヒウンさんは
『そう言わせとけ』というタイトルのエッセイまで出版した。
本のなかで彼女はこう言う。
「同じ歌でも観客の評価がすべて違うように
正解なんてものはないので
他人のことは気にせず
自分の心のおもむくままに生きることにした」と。

長年の洞察から出てきたその言葉は
私の心にも大きく響き、過去の人間関係を思い起こさせた。

考え方の幅が狭かった20代のころは
「どうしたら私に対してこんなことができるの？」
と考えることが多かったように思う。それは
「あなたは絶対に私にそんなことをしてはならない」
という前提に立った、極端な態度からくるものだった。
研究によると、慢性うつ病患者は
「決して」、「絶対に」のように余地を残さない表現を
比較的よく口にする傾向があるという。
かれらは相手が自分の思いどおりに動いてくれないときに
「そういうこともある」と考える人よりも
傷つく可能性が相対的に高く
だから、よけいに憂うつになる。

他人に寛容でない人たちがよく使う言葉には
「もともと」というのもある。
「私はもともとこういう人だから」
「彼とはもともと合わないから」といった言葉で
相手と自分を決めつける。
こんなふうに、人間関係における葛藤はだいたい
「正しいのは私で、あなたは間違っている」

という考えからはじまる。
正しい／正しくないの枠から出てきて
自分と相手の違いを認めないかぎりは
次の段階に進むことができない。

ひとりひとり、考え方や感じ方が違うのは当たり前。
「あなたも正しいし、私も正しい。
私たち一緒に妥協点を見つけてみよう」という態度が必要だ。
だから、自分が正しいことを証明するために
不必要なエネルギーを消費するのはやめよう。
「あなたのためを思って言う言葉」が
本当に相手のためのものなのか
自分が正しいと認められたいがためのものなのか
区別する必要がある。
後者なら、自分で自分を認めてあげて、次に進めばいいだけ。

反対に、誰かが私のことを思っているふりをして
自分のための言葉を吐き続けるときは
ヤン・ヒウンさんの言葉をそっと思い出してみよう。

「そう言わせとけ」
「それもしかたない」

この世の中に
「絶対に正しい／絶対に間違っている」
というものはないんじゃないかと思う。

私が「喜び」と呼んでしまえば
しんどい時間もいい経験として残るし
誰かが私を誤解して非難したとしても
私の本当の姿を見ていてくれる人がひとりでもいるなら
それで十分。

だから、みんなにOKをもらわなくても大丈夫。

あなたはあなたの道を行き
私は私の道を行けばいい。

CHAPTER

3

私たちの今日は
小さくて大切

きょうも　いちにち　よくを　はらずに
おまえの　いきが　つづくだけ
うみに　もぐって　いらっしゃい

コ・ヒヨン　『ママとうみのやくそく』より

● コ・ヒヨン著、エヴァ・アルミセン絵『ママとうみのやくそく』おおたけきよみ訳、主婦の友社、
33ページ

今日を臨時で
生きない

〜〜〜

２年契約が切れるたびに引っ越しをしていたので
いつも「ここはすぐに出ていく場所」という思いがあった。
だから、自分好みの空間をつくることはぜいたく
もしくはむだ遣いのような気がしていた。
そうやって
来ることのない未来のいつの日かだけを待ちながら
他人の趣味に埋もれた時間が過ぎていき
自分の人生が自分のもののように感じられなかった。
「臨時の」と名づけた空間で暮らすということは
そこでの生活まで臨時のものにすることだった。

捨て猫を７年間「臨時保護」しているという人の話を聞いた。
それだけの歳月が流れたら、もう臨時保護ではなくて
普通に一緒に暮らす家族だ。
いつか自分の家ができたら私好みの空間をつくるぞという
誓いを胸に抱いて２年、４年、○年……
そんな一日一日が積み重なって私の人生になる。

昔は、結婚してマイホームをもつまでは
インテリアにこだわらない雰囲気が圧倒的だったが
最近は、賃貸住宅のセルフインテリアがブームだ。
もしかしたら一生マイホームをもてないかもしれないのに
今日の幸せを不確かな未来に預けたくないからだろう。

「あとでするぞ」というのは
「しない」の同義語だと言ってもいい。
これ以上、臨時で生きるのはイヤだから
今日も自分の体を横たえる空間をすみずみまで丁寧に
自分の趣味で満たしていく。

空間に手間ひまかけることは
自分の人生を適当にすませないぞという意志。
今日一日を一番大切に生きようという本気の決意。

やりたいことをはじめる
ベストタイミングはいま

心の声と体の声に
耳を傾ける

〰〰〰

呼吸をする以外
体の動きを極度に制限して生きてきた人間が
スポーツジムの６か月会員になろうと決心するのは
だいたい「このままでは死ぬかもな」と思うときだ。
ちょうどそんな感じでピラティスをはじめた。
数年前、原因不明の脚の痛みで整形外科に行ったら
「極度の運動不足で脚の筋肉が退化している」
と診断された。
このままではマズいと思って
スポーツジムに向かい
フロントスタッフの「今日までなら割引」
という言葉に乗せられ
その場で入会してしまった。
過去に数え切れないほどむだにしたジム代を思うと
無謀な決心だったかもしれないが
いまは、そのフロントスタッフにとても感謝している。
払い戻しできないチケットのおかげで
生まれてはじめて６か月以上運動を続けられたので。

生きるために決死の覚悟ではじめた運動だったが
予想外にも、よくなったのは体の健康だけではなかった。
いろいろ考えすぎるたちなのでいつも頭が痛かったが
プランクをするときは
「1、2、3、4……先生、もう終わりにして！」
以外はなにも考えられなかった。
だから、肉体的にきついほど
むだな考えごとが消えて、気もちはクリアになった。

研究によって立証された
うつ病を改善する代表的な方法のひとつが「ジョギング」だ。
走ることで体が健康になるのは当然だけど
心を健康にする方法も走ることだとは！
結局、心と体はつながっていると
科学的にも立証されているわけだ。

だから、体をうまく機能させるには心のケアが大事で
心を安定させるには体のケアが大事。
なのに、私たちはいつも反対のことをする。
体が疲れたときに
精神的な刺激が強すぎるゲームを長々としたり
怒ったときに

刺激的な食べものを食べて、体をダメにしたりする。

精神科専門医のチョン・ホンジン教授は

『神経過敏な人のための本』で

私たちには「完全に休む能力」が必要だと言う。

私たちは休むと言って

スマートフォンでSNSをしたり

ネットサーフィンをする。

それは心と体を弛緩させるのとは正反対の行動だ。*

自分の体が快適なのはどんなときかをよく観察して

心が不安だったり、つらいときほど

体をよく休ませてあげよう。

そして、心と体が発する声につねに耳を傾けよう。

* チョン・ホンジン『神経過敏な人のための本』（未邦訳）286ページ

深く吸って〜、吐いて〜

人生のすべてのプロセスに
身を置いてとどまる

〜〜〜〜

登山というのは本当に面白い。
一見、登山の目標は
山の頂上に登ることのように思えるけれど
厳密に言うと、最終目的地は出発地、
そう、家だ。
人類は時間を節約し効率的に働くために
人間の足に代わる、人間よりずっと速い機械を
発明した唯一の動物だが
結局、ほかの動物たちのように歩くために
わざわざ時間をつくる。

下りるために登ること。
私たちが登山をとおして経験したいのは、結局
てっぺんで過ごす短い時間より
歩くという過程そのものなのかもしれない。
しかし、登山のときを除けば
私たちは歴史的に見て
いつの時代よりも歩かない世代。

歩かない私たちは
過程に身を置く方法も忘れてしまったようだ。

精神科医のムン・ヨハン博士は『関係を読む時間』で
行為の見返りや結果に関係なく、過程そのものから
自分がうれしいと感じる経験こそが幸せだと言う。*

過程を楽しむというのは
いま自分にできることだけを考えるという意味だ。
いまこの瞬間にとどまることができる人は
もしも満足のいかない結果になっても
その過程で得た満足感を満喫することができる。

私たちの人生は登山みたいなもの。
夢が叶った瞬間よりも
夢に向かって進むすべての過程が
私たちが本当にとどまるべき場所なのだ。

* ムン・ヨハン『関係を読む時間』（未邦訳）315〜316ページ

なによりも、歩きたいという欲望を
捨ててはいけない。
日々、私は歩くことで健康を保ち、
あらゆる病から歩み去る。

セーレン・キルケゴール

いまこの瞬間を
愛する練習をする

～～～

計画好きな私はチェックリストをつくるのが大好き。
予定をひとつ終えるごとに
赤いペンでサッと線を引くときの快感！
その日のチェックリストの確認が終わったら
今日一日をやり遂げたという意味で
卓上カレンダーの日付にバツ印もつける。

なので、一日の終わりが来る前にバツ印をつける日もある。
少し時間が残っていても
その日はもう終わったものとして片づけてしまうのだ。
年末になって
バツ印が並んだカレンダーをめくりながら
ハッとした。
「私って、一日一日を課題を遂行するように生きていたのね」

英語の慣用句にこんなのがある。
"We'll cross that bridge when we come to it."
直訳すると

「私たちは、いざとなったらその橋を渡ります」
と解釈できるが、実際には
「いまはこの件について話すのをやめておこう」
「それが起こったときに解決すればいい」
程度の意味で使われる。
橋にたどりついてもいないうちから
どうやって渡ろうかと心配しすぎないようにしよう。
人生はいくら備えても防げない落とし穴ばかりだけど
予期せぬ状況に直面したらしたで
なんとか転がっていくものだから。

今年からは一日の終わりに
カレンダーに〇印をつけることにした。
子どものころに
「よくできました」のはんこと一緒にもらった
赤い丸の喜びを自分自身にあげるのだ。
些細な変化だが、カレンダーを見るたびに
過ぎ去った日々と今日一日を
より肯定するようになった自分を発見する。

幸せは「現在」にあるのに
私はしきりに別のところを探していた。
心が過去や未来に行ってしまうたびに

また現在に連れ戻してくる練習をしてみよう。

いまそばにあるものをもうちょっと愛せるように。

幸せを夢見ることだけで
あなたは幸せになれる。
幸せへと向かうその気もちが
いまここにあるから。

80歳くらいの自分を
想像してみる

〜〜〜〜

なにかを躊躇しているときは
80歳くらいになった自分を想像してみる。
そのときの私がいまを振り返ったとしたら
なにをして、なにをしなかったことを後悔するだろうか。
きっと、一番後悔しているのはこういうことじゃないかな。
時間がないと言い訳して後まわしにされた些細なこと。
たとえば
家族や友人たちともっと時間を過ごさなかったことや
自分の心と体をきちんとケアできなかったことなど。

多くの人たちは、生きていくなかで
ほんの少しのんびりするだけで焦りを感じる。
もっと重要で生産的なことに
時間を全部充てるべきだと考える。
でも、よく考えてみると
焦りを感じて
息もつかずに走ったときとそうでないときで
生死が分かれるほど大きな差が出ることは

多くないと気がつく。

焦っているときは
すぐ目の前だけを見るのに必死で
周囲に広く目を向けることができない。
視野が狭くなり偏った考え方になる。
だけど、人生という長い道を歩むには
ゆっくりと進まなくてはならない。
焦りを感じるときほど緊張をほぐし
いっぺん深呼吸をして
また歩き出せるようになろう。

遠くを見渡せる人は
変化する世の中を余裕をもって受け入れ
その都度、よりよい選択をして対応することができる。
だから私は、今日も30分時間をつくって近所を歩く。
ゆっくりりんごを食べて、詩を読んで
暇をつくって母に電話をかける。
ほかでもないいまこの瞬間こそが
幸せだったと懐かしがりながら歩く
80歳くらいになった、ある日の散歩道を想像しつつ。

なにがあっても
また前を見る

〰〰〰

車もないペーパードライバーだったが
免許の更新日が近づいてきたので
父と運転の練習をしている。
運転を習ってひとつわかったこと。
それは、運転するときのスタイルには
その人の生き方がそのまま出る、ということ。

私は運転中に突発的ななにかが起こると
そちらにばかり気をとられて
前を見るのを忘れる。
状況をすばやく把握して
また前を見ないといけないのに
それがどうもできない。
よくよく考えてみると、私は人生そのものを
そういうふうに生きる人間なのだった。

計画どおりにいかなかったり
思いがけない困難にぶつかると

私はその状況にひるみ
心が停滞（ていたい）して腐りきるくらい長い時間が経たないと
前を向けない人間だった。
そんな性格が運転するときにもそのまま出た。

このごろ、耳にタコができるほど言われているのがコレ。
運転は前方注視が70パーセント
周囲の確認は30パーセントだけちょこちょこと。
そして、まわりを見るときはつねに足をブレーキに乗せる。
いったん止まれば、大きな事故は起こらないから。

私はこの助言が人生という道にも
そのまま当てはまると思った。
生きていくなかでなにか障害物に出くわしても
いったん、落ち着いて止まれば、大惨事は避けられる。
予測していなかったことが起きても
そちらに向ける心は30パーセントくらいにとどめて
残りの70パーセントは、つねに
自分が進むべき方向に向けておく。
そうすれば、道に迷わないですむ。

運転は相変わらず下手だけど
私は運転をとおして人生という道を生きていく方法も学ぶ。

人生も運転のように。

前方注視が70パーセント

周囲の確認は30パーセントだけちょこちょこと。

いつだって前を見ることを忘れない。

ときには適当に
忘れて生きる

〜〜〜

誰かと口げんかになったとき
最悪なのは
相手が過ぎたことを引っぱり出してくること。
私たちはそういう状況をなるべく避けたいと思いながらも
自分自身に対してはそれを平気でする。

あの人を逃さなければよかった。
あの会社に入るべきだったのに。
あんなこと言わなければよかった。
意味もないのに
むだに思い返して自分自身を苦しめる。

そのときの私にはそれがベストな選択だったのだろうし
もし過去に戻れるとしても
まったく同じ
または似たような選択をする確率が高い。
なのに、過去に戻ることさえできるなら
もっといい選択をするはずだと信じて、後悔する。

でも、いくら悔やんで苦しんでも過去は過去にすぎない。
「どうしてだろう」
「なんで私はこんなことになったんだろう」
なんで？　なんで？　なんで！
「なんで？」にしがみつくのは
まだ過去にとどまっているという意味だ。
その出来事の「原因」は
過去よりさらに遠い過去のことだから。
未来へと進む人は、なにを、どうすべきか
「目的」を考える。

私たちは忘却に逆らって
試験問題を覚える方法を学んだだけで
忘却をうまく利用して生きていく方法は
学んでこなかった。
意味のある記憶は大切にしなければならないが
だからって、過去にいつまでも
現在を支配されていてはいけない。

私たちの未来を左右するのは
過去に自分がした
またはしなかった選択ではなく

まさにいま、なにを選択するかだ。

過ぎたことに理由を求めてなんになる。
ときには、適当に忘れて生きても大丈夫。

忘却は神が人間にくれた
最高の贈りもの
フランスの劇作家 ルイ・セバスチャン・メルシエ

大変なのは自分だけではないことを
覚えておく

〜〜〜

ほかの人たちはなんでも軽々と
こなしているように見えるのに
いざ自分がやってみると
うまくいかないことばかり。
みんなは運も味方につけているのに
自分だけ運がないような気がする。
どうして他人がすることは
いつも簡単に見えるんだろう？

私たちがこんな錯覚をするのは
多くの人は、成功の裏側にある
その長い長い苦労話をわざわざ口にしないからだ。
みんながみんな、自分が経験した苦労を
まわりの人たちにこと細かに話して歩いたりしない。
私たちがうれしくて幸せなときにだけ
写真を撮るように
みんな、自分のなし遂げたことのうち
もっとも輝しい部分だけを選んで話す。

それに、成功というのは
努力に加えて、運も不可欠だから
他人の目には
努力や苦労はすっかり抜け落ち
運と結果だけが見えるのだ。

とくに大きな成功を収めた偉人たちの話は
美化され脚色されていることが多い。
だから、成功した何人かの話を
自分の経験と比較してもらっては困る。
もし一度も失敗せずに、すべてを完璧に
こなしているように見える人がいたら
その人は、ただ見せ方が上手な人なのかもしれない。
だから、他人には簡単にできていることが
自分にはできないと
自分を責める必要はまったくない。

悩んでいる人は
苦しいのは自分だけではないのだと気づくだけでも
心が軽くなる。
これを「一般化」という。*

* ユン・ホンギュン著『どうかご自愛ください　精神科医が教える「自尊感情」回復レッスン』岡崎暢子訳、ダイヤモンド社、123ページ

反対に
自分ひとりがその状況に置かれていると考えると
はるかにつらく感じられる。

だから、誰かの成功した「結果」と
自分の「過程」を比較して
「自分だけうまくいかない」と考えるのはやめよう。
人生は決して私ひとりにだけ厳しいのではない
という事実を覚えておけば
気もちが少しは楽になるはず。

この世に簡単に手に入るものなどない。
誰かの結果だけを見て「ひがみ屋」にならないように。

今日はきちんと今日のことだけ 考える

〜〜〜

自分はなぜ生きているんだろう。
すぐに答えが出ない、こんな大げさな問いにはまって
息が苦しくなるときがある。
そして、あれこれ考えすぎて頭が痛くなると
「知ったことか。食べていくだけで忙しいのに
人生の意味まで見つける必要なんてある?」
という気になる。
もしかしたら、みんな大した意味もなく
ただ生まれたから生きているだけなのかもしれないのに
こういう実存的な悩みにいったんはまると
果てしなく深いところまで落ちていって
結局は
「人生はなんの意味もない」という空虚な結論に
達したりする。

なにごとも頭だけで考えようとしたら難しい。
子どものころ、歩き方をしっかり熟知してから
歩き出した人は誰もいないはず。

子どもは歩きながら歩き方を学ぶ。

理論だけではなにも学べないし
考えすぎは、現在の楽しみを探すのに邪魔になるだけ。
だからたまには、深い意味を見つけ出そうとするより
人生そのものに自分をただ放り込んでみる必要がある。

ごはんを食べるときはごはんのことだけ考えて
働くときは仕事のことだけ考える。
家族といるときは家族のことを考え
寝るときはただ寝る。
シンプルに生きる
そういう日々もいいんじゃないか。

それでも人生の意味を見つけることが
やり残した課題のように感じられる日には
中間くらいで妥協してみてはどうだろう。
今日一日は今日の意味だけを考える。
それをだんだん広げて、今週の意味、今月の意味
今年の意味も考えてみる、というように。

人生の意味という重い荷物をしばし肩からおろしてみたら
人生のほうからそれを運んできてくれるかもしれない。

あなたはただ生きればいい。

今日はひとまず今日のことだけ考えよう！

私の推しは
絶対に私で

あなたは完璧でなくても
愛と好意を受ける資格が十分にある。

シャウナ・シャピロ『マインドフルネス』より

• シャウナ・シャピロ著『マインドフルネス』（原題：Good Morning, I Love You、未邦訳）
  121ページ

自分だけの色と香りを
見つける

〜〜〜

子どものころ
私はいわゆる「言うことをよく聞く子」だった。
たぶん、大人たちから
役に立つ必要な子だと認めてもらわないと
自分の存在が危うくなると感じていたのだろう。
こういうところは成人しても相変わらず残っていて
まわりのアドバイスによく従う大人になった。
おかげで、はじめて接する分野でも
比較的コツを覚えるのが早い。

他人の目にはあれもできるし、これもできる
器用な人に映るというのが
こういう性格のメリットではあるが
一方で、30代半ばを過ぎても依然として
自分だけのこれといったカラーがないように思う。
ときどき、本当の自分が誰なのかわからなくて
一生自分を見つけられずにさまようような気がして
不安を覚える。

ある日、ふと気づいた。

私が不安なのは、自分が望む姿より

他人が望む姿を意識しているからではないだろうか。

自分らしく生きるために

必ずしも広告に出てくるように

ある日突然会社を辞めて、世界旅行に出て

YOLO族*7にならなくたっていい。

もっともらしく見える答えがなくても

自分らしさを探す旅路そのものが自分らしい人生なのだ。

突出したところはないが

あれもこれもそこそこできる

ときどき他人と比べて小さくなったり

コンプレックスを抱えて生きていく

そのすべてが私なのだとわかったとき

はじめて自分らしく生きる準備ができた。

もしかしたら

はっきりした色がない微妙な混色が私のカラーで

ほんのりただようくらいが私の香りなのかもしれない。

*7 YOLO族：YOLOとは「You Only Live Once」の頭字をとったスラングで「人生は一度きり」
　　「いまを生きる」といった意味。近年、韓国の若者の多くが目指す生き方のひとつで、これを
　　実践している人をYOLO族と呼ぶ。

何者かになろうとしなければ自分になれる。
切実に、猛烈に、「自分」になりたい。

自分らしくあれ
ほかの人の席はすでに埋まっているのだから
オスカー・ワイルド

他人が望む私ではなくて、私が望む私を見つける。

他人と比較して
崩れない

~~~~~

子どものころ、通知表には
点数の代わりに「ス・ウ・ミ・ヤン・カ」と
ハングルで成績がつけられていた。
これまで、もととなる漢字の意味を知らなくて
「ス」はよくて、「カ」は悪いものだとばかり思っていたが
最近その意味を知って
頭をガツンと一発殴られた気分になった。

ス＝秀でているの「秀」

ウ＝優れているの「優」

ミ＝美しいの「美」

ヤン＝善良・良好の「良」

カ＝よい・可能の「可」

それぞれの文字だけ見たらどれもいい意味なのに
「ヤン」や「カ」は暗黙のうちに落第点と見なされた。
そのうえ、全科目「ス」をもらった生徒だけが
本物の優等生として扱われた。

体育には自信があるけど数学には弱い生徒も

外国語には自信がないけど音楽が好きな生徒も

それぞれの分野で自分を生かした立派な大人になれる

ということを、学校では教えてくれなかった。

そうやって私たちは、各自の個性が消えたまま

自然と友だちと自分に優劣をつける方法を身につけた。

自己肯定感の話に必ず登場するのが

「他人と比較しないで、自分を愛しなさい」というもの。

でも、比較するのは人間の生まれつきの本能なので

比較をまったくしないで生きることはできない。

じつは、「比較」そのものは誰も傷つけない。

りんごはオレンジより赤い

バスケットボールは卓球のボールより大きいという比較は

優劣を決めたり価値評価を下すためのものではないように。

さらに、比較にはプラスの面があるのも確か。

私たちは社会的比較をとおして、昨日よりも前進し

他人よりもよくなろうとすることで、ともに成長する。

問題は、比較が画一化につながるときに起こる。

単一の基準をクリアできない人たちをのけ者にしたり

差別するための道具として使われるとき

比較は残忍になる。

私たちを細かく分解して評価し
外からの視線に振りまわされずにはいられないようにする。

家庭で、学校で、職場で
毎日のぞくスマートフォンのSNSで。
こういう比較でつくられた平均値に
毎日さらされる現実のなかで
「人と比べないで、ありのままの自分を愛しなさい」
という課題までもがおまけとしてついてくる。
社会全体が私たちの自己肯定感を
めった切りにしておいて
「自分を愛すること」はさりげなく自己責任にされる。

比較しないで生きていくのは難しいけれど
比較から自由になる方法があるにはある。
比較の純粋な本来の機能だけを利用するのだ。
「りんごはオレンジより赤い」
「バスケットボールは卓球のボールより大きい」みたいに
単純な事実を測定するところで比較をやめて
りんごのほうがオレンジより価値があるのか
バスケットボールのほうが卓球のボールより正しいのか
うかつに判断しない練習をする。

比較はドライに事実関係だけを把握する。

「よい」、「嫌い」といった感情的な判断と分離して考える。

これさえ覚えておけば

他人との比較にむしばまれることなく

成長のための土台にすることができるだろう。

幸せになるためには、
他人に関与しすぎてはいけない。

アルベール・カミュ

ニセモノの自己啓発を
やめる

〜〜〜〜

「私は怠けてるから成功できないんだ」
「私はもっと努力しなきゃ」
「これもみんな私のせいでこうなったんだ」
おそらく多くの人たちが心のこういう声を
聞いたことがあるだろう。
こうして自分にムチを打つ内なる監督者は
どこから来ているんだろうか。

昔は支配階級が奴隷階級に
言葉の暴力、身体的暴力を行使して
かれらの労働力を搾取した。
一方、表面的には身分制度がないいまでは
労働者が自ら自分を搾取する。
私たちが自分にプレッシャーをかけて
成果を出しているあいだ
目に見えない支配階級は
人々が労働をやめないように、絶えずメッセージを注入する。

「あなたはなんだってやりたい仕事を選ぶことができます」
「夢に向かってがんばりましょう。
絶えず自分を磨いてください」
「死ぬほど努力してください」

ぱっと見には、私たちが自発的に挑戦し
達成する自由があるように見える。
でも、自己啓発と達成感に中毒になった人たちが
自らを搾取すればするほど
経済体制がじっと座ったまま
労働力を支配するのを助けるだけだ。

自己啓発の仮面をかぶった自己搾取の
もっとも恐ろしいところは
自分を苦しめる搾取者も自分のなかにいることだ。
だから搾取から抜け出すには
二重に自分自身を攻撃して
罪悪感をもつことになる。
自分を尊重しない内なる搾取者に向かって
「おまえはなんでこんなに自己肯定感が低いんだ」
「なんで自分を愛して尊重しないんだ」と
攻撃を上塗りする救いようのない状況になってしまう。

多くの人たちが「もっと自己啓発をしなくては」という
不安とプレッシャーのために
慢性ストレス状態にある。
どこにたどり着くのかもわからないまま
とにかく走ったせいで
もうなにがなんだかわからない。
他人が決めた方向に従って進むだけなので
自己啓発の真の意味は薄れていく。
そんなふうに方向設定なしに
むやみにがんばって生きても
最後に残るのは、満たされない虚しさと
バーンアウトだけかもしれない。

だから、前だけ見て走るより
たまにはいっぺん、自分を振り返ってほしい。
仕事が自分にとってどうして大事なのか
どうしてがんばりたいのか
理由を考えてみよう。
私たちの努力が自己搾取ではなく
真の成長につながるようにするには
自分だけの価値観を確立しなればならない。

そうしたら、わかるだろう。

いまの努力は自分が本当に望んでしているものなのか。

学習された自分へのムチではないか。

どこにいくのか、わかって走ってますか？

希望と現実の
バランスをとる

〜〜〜

独特のコミカルな演技で私たちを笑わせてくれる

映画俳優のジム・キャリーは

じつはちょっと笑えない子ども時代を過ごした。

ジム・キャリーの父親は若いころ

オーケストラでサックス奏者をしていたが

養うべき家族ができると

夢をあきらめ

現実と妥協して会計士の仕事をはじめた。

ところが、ジム・キャリーが14歳のころ

父親は職を失い

家族はしばらく路上生活を余儀なくされた。

亡くなった父親を回想しながら

ジム・キャリーは言った。

好きなことに挑戦して失敗するより

家族のために自分の夢をあきらめ

情熱もない仕事をして失敗したときのほうがつらいと。

好きでもない仕事をして失敗までした父を見て

ジム・キャリーは自分だけは夢に命をかけることにし

結果、成功した。

やりたいこととやるべきこと

どちらも失敗のリスクを抱えて生きていくのが人生ならば

いっぺんくらいは

熱情をもてることに

猛烈にチャレンジしてみる価値は十分にある。

でも、好きなことに自分のすべてをつぎ込んだとしても

ジム・キャリーのように劇的に成功できるのは

あくまで少数だ。

胸の高鳴る仕事を見つけたと思った人でも

それが日常になると情熱を失う場合もあるし

好きなことが上手になるまで続けたくても

現実的な状況がゆるさない場合も多い。

やみくもに情熱に従うことが危険な理由はほかにもある。

じつは、仕事や職業に対する情熱は

最初からあるわけではなくて

ある程度成果が見えてきたときに生まれるものだからだ。

夢と革新のアイコンとしてよく知られる

スティーブ・ジョブズも

最初からすごい情熱をもって

アップルを設立したわけではない。

最初のコンピュータを開発する前、ジョブズは
エンジニアの友人スティーブ・ウォズニアックの
ビジネスを手伝い
コンピュータの部品のひとつである
回路基板だけを売っていたが
あるパソコンショップのオーナーから
組み立て済みのコンピュータなら買ってもいいと言われて
金儲けのチャンスとばかりに飛びついた。
スティーブ・ジョブズでさえ
本当の意味でアップルコンピュータに対する
情熱が花開いたのは
勢いや成功を手中に収めはじめたあとだったのだ。
彼も最初は普通の働きアリと同じように
お金を稼ぐために仕事をはじめただけだった。*

もちろん、夢と情熱がなければ
人生になんの変化も生み出せないだろう。
でも、人に対する感情が冷めるように
仕事に対する情熱だっていつ冷めるかわからない。
いくら好きでも、仕事になると苦しくなる瞬間が来る。

* ウィリアム・マッカスキル著『「効果的な利他主義」宣言！：慈善活動への科学的アプローチ』
　千葉敏生訳、みすず書房、160ページ

反対に、適性とある程度の成果は
情熱的な状態を保つのを助ける。
ただ、ここで「適性」という言葉を誤解してはいけない。
なんの努力もしていないのに最初から上手で
面白いこと、という意味ではない。
適性に合った仕事とは
つまり、自分が自然と没頭してしまう仕事を意味する。
自分はなにが上手で
なにが好きなのかがわからないなら
なにをしているときに時間が早く過ぎるか考えてみよう。
それが一定のお金を生み出せるかたちに変われば
それがまさに職業になる。

やりたいこととやらなくてはいけないこと
そして、できることのはざまで
私たちは毎日悩んでいる。
はたしてこの世に
好きなことと上手なことが正確に一致する人が
何人いるだろう。
もしもいま、自分の希望と現実がかけ離れているならば
それを認めることからはじめてみよう。
そして、得意なこと、あるいはできることで
お金を稼いで時間を買い

その時間を好きなことに挑戦するのに使えばいい。
これが仕事と夢の分かれ道で幸せにより近づくための
現実的ながらも賢い妥協案ではないだろうか。

私は絵で食べていく

やりたいこともやって
生きていけばいいじゃん!

そういうのは、
お金持ちが趣味でやるの。
やりたいことだけやって
生きてなんかいけないよ?

モノではなく
幸せと思い出を買う

~~~~

先日、ある宗教家がテレビで自宅を公開し
度を越した財産を所有していることが世間に知られ
炎上した。
「なにかを所有することから幸せを見つけようとしないで
与える人生を生きよ」
と強調してきた
これまでの教えとの不一致を感じた大衆は
彼の「フル（full）所有」を非難し
失望を隠せなかった。

あえてその事件（?）まで思い出さなくても
いわゆる「癒やし」をかかげて
幸せはモノやお金でないところにあると説くくせに
自分自身は豪華な家に住んで高い車に乗っている
"幸福商売屋" たちをよく見かける。

かれらが言うように
幸せと所有は本当に関係ないのだろうか？

現実に、消費をとおして幸せの機会が増えることは
否定できない。
でも、お金がたくさんあるからといって
必ずしも幸せになれるわけでないのも事実だ。
そうでなければ、裕福な人たちの自殺を説明できない。

注意したいポイントは
「所有が必ずしも幸せを保証するわけではない」という
命題が成立するには
最低限の生計に対する不安が解消されていなくてはならない
ということ。
*ある心理学者の言葉を借りれば
貧困は明らかに幸福を減少させる。
正直、お金が増えることは
幸福の増加よりも苦痛の減少と関連がある。
だから、幸せと所有の相関関係について論じるには
ひとまず、苦痛となる生活不安から
解放されるだけのお金がなくてはならない。

* キム・テヒョン著『ニセモノの幸せをすすめる社会』（未邦訳）51ページ

私たちはすでに知っている。

お金が人生のすべてではないということを。

でも、今日の経済の二極化と所得格差が

どれだけたくさんの人たちの生活の質を

破壊しているかを考えるなら

お金が人生に及ぼす影響そのものを否定することは

たいそう欺瞞的だ。

じゃあ、私たちが一生懸命働いて

最低限の生計が

維持できる所得水準には達したと仮定してみよう。

そのあとは、いくらもっているかより

どう使うかが幸せに影響する。

研究によると、単にモノを所有する消費よりも

友人と一緒においしいものを食べたり

家族と旅行に行くなど

経験のための消費をしたときにより幸せになるという。

目に見える所有物は他人がもっているものと比較しがちだが

なにかを経験するときに味わう感覚や気分は

他人のものと比較できないから。

● チェ・インチョル著『グッドライフ』（未邦訳）116ページ

173

同じ理屈で

同じモノを買うのでも

家のなかにしまっておくだけなら

ただの物質消費だが

毎日使って幸せを感じるなら

経験消費として価値がアップする。

なので、とても貴重で

もったいなくて使えないようなモノは

あまり買わないほうだ。

モノは使ってなんぼ。

大事にしすぎてもしょうがない。

実際、消費と所有はそれ自体が悪いのではなく

所有物を自分の価値と同一視することが問題なのだ。

過度な消費主義にさえ走らなければ

消費行為そのものをネガティブに考える必要はない。

私たちは消費をとおして自分の好みを知ることができるし

他人と交流してさまざまな経験をしながら

一生大事にする思い出をつくることもできる。

価値ある消費ができるなら

いくらだって、消費したぶんだけ幸せが手に入る。

そのためには、なにが本当の自分の欲望で
なにが社会から注入されたニセの欲望なのかを区別する
自分ならではの基準が必要だ。
本当に欲しいものでもない
ただ他人より多く手に入れたいという欲のせいで
不幸にならないために。

無所有でもフル所有でもない
本当の幸せを手に入れる。

少しでもよくなっていることを
見つける

〜〜〜

趣味でヨガをはじめて6か月になった。
柔軟性が必要な動作が苦手なほうなので
最初の月は
伸ばすべきところを曲げて
曲げるべきところは伸ばしてと
ぎこちなかった。
涙をこらえながら、全身を折りたたんで、伸ばして
しめつけて、ひねってを繰り返すこと数か月。
「人の体でこれが可能なのか？」と思っていた
動作に少しずつ近づいていった。
ゆっくりでも、あきらめなければよくなるんだなぁ。

なにかを学んだり成長するためには
一向に進んでいるように見えない繰り返しの時間が
欠かせない。
問題は、いままでしていなかったことを突然やり出すと
脳がその変化を危機と認識することだ。
私たちの脳は

いつもどおりの習慣をキープするのに有利な
ホメオスタシス（恒常性）の法則に従って動くので。*
長年繰り返してきた悪い習慣を
今日からすぐに直すのが難しい理由も
新しくはじめたことが三日坊主で終わりやすい理由も
ここにある。

日常の小さな変化を脳が習慣として認知するには
最低でも3週間程度続ける必要があるという。
言うのは簡単だけど、一日も欠かさず
3週間地道になにかを続けるというのは
簡単なことではない。
なので、なんであれ、一気に変わろうという考えは
さっさと捨てたほうがいい。

たとえば、これまで運動とまったく縁がなかった人に
いきなり、3週間毎日運動をしろと言っても
きっと途中で投げ出してしまうだろう。
代わりに、運動した日と運動しなかった日のあいだに
「運動する一歩手前まで行った日」を入れてあげたらいい。

* イ・シヒョン著『セロトニンしろ！』（未邦訳）96ページ

「運動するぞと思った日」
「運動着に手を伸ばした日」だっていいのだと
自ら認めてあげて、自分を盛り上げ
続けていくほうが効果的だ。

完璧にこなさなくてはという気もちを
少しだけ手放せば
あきらめないで前に進んでいけるはず。

「完璧にやること」より「とにかくやること」が重要

小さな達成感を
積み重ねる

〜〜〜

私にはちょっと独特な
「サリーの法則（Sally's law）」（つねに自分に有利なこ
とばかり起こることを意味する用語。「マーフィーの法則
Murphy's law」と反対の概念）がある。
それは、なくしたものが必ず見つかるというもので
これまで一度も傘をなくしたことがないのはもちろん
公衆トイレに忘れてきた携帯電話
ロックフェスティバル会場の座席に忘れてきた財布
それから、大事な資料が入ったUSBといった貴重品も
なくしたそばからすぐに見つかるので
こうなるともう
なくしたものを見つけ出すのに運の90パーセント以上を
使っているのではないかとも思う。
こんな経験を何度もしているので
最近、飲食店で財布をなくしたときも
「まあ、すぐに見つかるだろう」と気にならなかった。
（やっぱり財布は置き忘れたところにそのままあった！）

生きていくなかで経験したいくつかのことを
人生全体に一般化してはいけないという戒（いまし）めがあるが
私たちはこのように経験からくるデータを
拡大解釈しがちである。
見たり、聞いたり、感じたりという
直接的な感覚を通じた記憶は
頭だけで考えるときよりも
はるかに強く脳裏に刻まれるから。

同じ理屈で
私たちはただ存在しているだけで愛される資格がある
という事実を頭のなかで何度思い返しても
実際にポジティブなセルフイメージにつながるような
経験がゼロだと
自己肯定感を高めるのには限界がある。
だから、自分を愛していると100回叫ぶより
１回か２回のいい経験のほうが
自己肯定感や自信を高めるのにはるかに効果的だ。
俗に言う「小確幸（しょうかっこう）」*8の秘密もまさにここにある。

*8　小確幸：「小さいけど、確かな幸福」を略して単語化したもの。村上春樹が自身の著書『村上
　　朝日堂ジャーナル うずまき猫のみつけかた』（新潮社）のなかで用いた造語。韓国や中国、台
　　湾ではよく使われている言葉。

どんなに小さなことでも
肌で感じる幸福感が積み重なれば
その記憶が生きていくうえで大きな力となり
究極的には
より上の段階の幸せを実現する土台になってくれる。

自分に対する信頼が揺らぐ日には
若干の達成感が必要だ。
どんなにささやかな達成感でもいい。
部屋を片づけて、たまった仕事をするとか
そういう些細なことからでも
私たちは自信を得ることができる。
そんな経験が積み重なって
今日の自分をもうちょっとだけ愛せるならば
明日の自分はもっとすごいことにもチャレンジできるはず。

少し不安でも
大丈夫だと言う

～～～

母は料理がうまい。とくに韓国料理が。
ある日、そんな母に簡単な野菜グリルをつくってあげた。
正直、料理と呼ぶのも恥ずかしいレベルだったが。
ブロッコリー、エリンギ、トマトなどを切って
オリーブオイルとハーブソルトを適当に振りかけ
ノンフライヤーで180度で5分焼いたら終わり。

母は、それをいくつか食べると
出勤前の私に
「午後に食べたいからもう少しつくってって」と
どこか照れくさそうに言った。
温かいうちに食べたほうがおいしいから
つくり方を教えてあげると言っても
見た目が洋食っぽい、なじみのない料理なので
つくれる自信がないと言う。
数十年間、複雑な韓国料理をパパッとつくってきた母が
野菜グリルなんかに怖気づくなんて。
私からしたら

たいがいの韓国料理よりはるかに
難易度が低いと思うのだけど。
母が家事に関して自信なさそうにする姿をはじめて見たので
ことさら意外に感じた。
ある仕事にどんなに熟練した人でも
新しいことに挑戦するのは大変なことなのだと思った。
誰でも最初はびくびくするんだな。

私たちはみな、今日という日をはじめて生き
今年を過ごすのもはじめてで
この人生もはじめてだ。
80歳になっても「新しい今日」を生きるだろう。
だから、ときには失敗することもある。
うまくいかないかもしれないし、不安になるかもしれない。
それでいいのだ。

自分がもっとも恐れるものを見つけよ。
そこから真の成長がはじまる。

カール・グスタフ・ユング

下手だっていい。はじめての人生だもの。
大丈夫。

中立的に話す
練習をする

〜〜〜

子どものころから
自分は神経質な性格だと思っていたので
なんとなく、自信たっぷりに自己紹介ができなかった。
「神経質」という単語が与える
どこか否定的なニュアンスのせいで。
カウンセリングを受けるなかで
「神経質」は「敏感」という中立的な単語に
置きかえられることを知った。
それ以降、少ない語彙で自分にかぶせていた
ステレオタイプを脱ぎ捨てることができた。

人の脳は一定量以上の情報を同時に処理できないので
固定観念に頼りたがる。
だから、意識して気をつけていないと
私たちは日常の言葉によって
いとも簡単に先入観と偏見に閉じ込められてしまう。
こうしてつくられる先入観が
すべて事実ではないことをわかっていながらも

そういう言葉にあっという間に影響されて
他人がもつイメージどおりの行動を
とるようになったりもする。
言葉が私たちに与える影響はそれほどまでに強力だ。

ところで、自分は話をする話者であると同時に
自分が話す言葉を24時間
全部聞いている聴者でもある。
もし誰かが失礼な言葉を日常的に吐き続けるなら
その人とは距離を置きたいと思うだろう。
じゃあ、自分が自分にとってそんな人だったら？
それだと距離を置くこともできない。
なにかを言う前に
それが相手の耳にどう聞こえるかを考えるように
自分にしか聞こえないひとり言を言うときも
同じように、自分への配慮が必要だ。

言葉の習慣を変えるのは簡単なことではないが
口に出す前にいっぺん呼吸を整え
ちょっと考える時間をもつ練習をしてみよう。
また、現実に悲観的な判断を加えて話すのは
避けたほうがいい。
たとえば、「今日は日が悪い」とか

「あれは本当にサイアク」といった表現より
「今日、大変な出来事があった」のように
状況を客観的に見る中立的な話し方を心がけて。

言葉は思考を、思考は人生に対する態度を変える。
自分に肯定的・中立的な言葉を使えば使うほど
人生に対する態度も肯定的に変わり
ポジティブな感情をより頻繁に感じるようになるだろう。

私たちの言葉は
自分自身に向けた予言

『あなたはできる 運命が変わる7つのステップ』著者
ジョエル・オスティーン

ダメなこともあることを
淡々と受けとめる

〜〜〜

オーストラリアの砂漠地帯に住むクマドリスミントプシス
（ネズミのような見た目・サイズをした有袋類）は
寒い冬の夜になると、独特な生存戦略をとる。
寝ながらカロリーを消費しないように
体温を20度に下げ、代謝のスピードを下げて
半冬眠状態に入るのだ。*
そうやってクマドリスミントプシスは
なにもしない状態よりもさらに激しくなにもしないことで
次の日に使うエネルギーを節約する。
もしも、クマドリスミントプシスが
「寒い冬に屈するもんか」と
体に熱を発生させてカロリーを早く消費してしまったら
どうなるだろう。

私たちは、逆境に負けないぞというチャレンジ精神で
困難な状況を乗り越えた偉人たちの話によく接する。

* ランドルフ・M・ネシー著『なぜ心はこんなに脆いのか：不安や抑うつの進化心理学』加藤智子
　訳、草思社、173ページ

たいがいの状況では
楽観的にかまえて最後まで挑戦したときに
成功する確率が高まる。
けれども、生きていくなかで
過度な楽観主義が命とりになることもある。
現実的に到底不可能に見える状況に直面したとき
冷静に眺めて
淡々と受け入れるのも、ある意味で能力だ。

こういう態度を
惰弱な自己合理化にすぎないと言う人もいる。
もちろん、多くの場合、苦難は人を成長させるが
その苦難が残したキズと劣等感のせいで
かえって崩れてしまうこともある。
あきらめることを過度に罪悪視する雰囲気のせいで
あきらめるべき適切なタイミングを逃し
精魂尽き果てるまでしがみついて
結局は人生まで投げ出してしまうという
切ないケースもある。
もしかしたら、経済開発時代から続いてきた
「やればできる」という
現実を無視した過剰な肯定が
多くの人を疲れさせているのではないだろうか。

世の中には到底ダメなこともあるものだから。

努力してもダメなことがあるという事実を淡々と受けとめ
めげずに明日を生きていくのにも
限りない挑戦と同じくらい勇気が必要だ。
いつ終わりにすべきかわかっている人には
いつだってまた新しい扉が開かれるのが人生だと信じている。

登れない木の下で
人生をムダにしないこと。
世界は広いし、木はほかにもたくさんある。

CHAPTER 5

あなたはただ
幸せでいるだけで
いい

自分自身の友だちになれ。
そうすれば、ほかの人たちもそうするだろう。

イギリスの聖職者で作家 トーマス・フラー

つらいときに
ひとりで耐えようとしない

〜〜〜

数年前、うつで大変な時期を過ごしていたときのこと。
無宗教だった私は
ふと信仰をもつ人たち特有の心の平穏が
羨ましく見えた。
私も信仰をもってみようと決心した。
それで、プロテスタント、カトリック、仏教を
数か月ごとに転々とした。
プロテスタントでは異言の祈りになじめず
カトリックではひざが痛くて
（ミサで立ったり座ったりを繰り返すので）
仏教では念仏を覚えるのが難しくて断念してしまった。
しかも、成人期まで長いあいだ
"自分教"を信じてきたせいか
いまさら新しい信仰をもつというのは容易ではなかった。
宗教を信じる親のもとで
生まれながらに信仰をもった人たちが
少し羨ましい気もした。

多事多難だった信仰探しの旅（?）を終えて
ふたたび無宗教に戻った私は
結局、宗教施設の代わりに
近くのカウンセラーを訪ね
心の安らぎを得ることにした。
思えば、いろんな宗教を転々とするあいだ
私は答えを探す場所を間違えていたのだろう。
「信仰の有無」や「どんな宗教を信じるか」にだけ
フォーカスしていたのだから。

振り返ってみると、もっとマシになりたいと
藁をもつかむ思いであちこちの扉をたたき
自分から手を伸ばしたそのすべての過程
つまり、いろいろ試してみた経験自体が
私にうつから抜け出す力をくれたのだ。
これらの経験があって
私は自分のために助けを求められる人間になった。
つらいときにひとりで耐えなくてもいいのだと気づいたら
勇気が出た。

生きていくなかで直面する苦しみを
すべて自分ひとりで解決しようとしないこと。
他人の助けを喜んで受け入れることさえできれば

信仰があろうとなかろうと
世の中は私たちの味方だ。

誰よりも自分自身をまず信じる。

ときには少し力を抜いて
ただ笑い飛ばす

~~~~~

友人にすすめられて
「ハンサラン山岳会」というYouTubeを見た。
おじさん登山客をコミカルに描いた
コメディコンテンツだ。
コメント欄が面白くてくすくす笑っていたら
あるコメントが目に入った。
「イ・テクジョという50代の男性キャラが
湧き水で顔を洗う姿が
亡くなった父の仕草とそっくりで涙が出た」
というものだった。
笑わせるためにつくったネタなのに
視聴者たちは各自
自分の知り合いの中年男性を投影して
泣いたり、笑ったり、共感したりしていた。

私は、イ・テクジョが人前でくだらない冗談を言う姿が
ひときわ気になった。
私の父みたいだったから。

彼の冗談のキーポイントは
自分で言って、自分が先に笑うことだ。
それも父にそっくりだった。
イ・テクジョは山岳会のメンバーのなかで
経済状態がもっとも厳しい設定になっている。
アメリカ帰りの友人「ペ社長」と
対照的なキャラクターだ。
イ・テクジョはお金も教養もあまりない。
それで、友人たちとの会話のなかで
くだらない冗談を飛ばして
雰囲気を盛り上げようとがんばる。
私は、父がどうしていつもそんなに冗談ばかり言うのか
わからなかった。
でも、その映像を見て
くだらない冗談に頼ってやり過ごすしかなかった
人生の重みが
少し理解できるような気がした。

私も年をとるにつれて、ばかな冗談を言って
深刻な問題を笑い飛ばしたい瞬間がでてきた。
仕事をしていてぶつかる巨大な権力に
抵抗する術がないときや
家父長的文化の一部を受け入れなければならないとき。

20代の若いころは
理不尽な体制に黙って従う人たちを
心のなかで不快に思ったりもした。
でも、30代になったいまは
だんだん理解できるようになった。
私も世の荒波に疲れて
楽に近道で行きたい日があるので。

心理学の用語に「キュートアグレッション」
というのがある。
研究によると、肯定的な感情を強く感じたときに
脳がそれに引っぱられすぎないよう
心理的なバランスをとるために
わざと否定的な感情を起こさせる防衛機制だという。
そのせいで、かわいい動物や赤ちゃんを見ると
噛んだり、つねってみたいという攻撃的な気もちに
なるらしい。
私たちの心は
肯定的な感情でも強烈すぎるとバランスを失うのに
ましてや否定的な感情だったら、どうなることか。
生きるのが苦しいときは、無理にでも笑って
心のバランスをとらなくてはならないのだ。

かつて、ユダヤ人強制収容所の人たちは
少しでも笑って今日の苦痛を忘れるために
工事現場の隅で小さな公演をしたりもした。
歌を歌ったり風刺をしたり
マダン劇[*9]のような公演も行われた。
[*]心理学者でホロコースト生還者である
ヴィクトール・フランクルは
「ユーモアは自己維持のための闘いにおける心の武器」
と言っている。
アメリカの建国期にも似たような例があった。
当時、奴隷たちは極度の苦痛に打ち勝つために
夜になると集まって歌を歌ったり、踊ったり
バカ話をしながらともに笑った。
そのせいだろうか。
そんな文化がなかった白人たちは
当時、奴隷たちよりも自殺率が高かった
という研究結果もある。

---

*9　マダン劇：社会批判を主な内容とする、韓国の伝統的な野外劇。マダンとは庭や広場の意味。
[*]　イ・シヒョン、パク・サンミ著『私の人生の意味はなにか』（未邦訳）163ページ

こうやって笑うことができる人は

どんな苦痛のなかでも立ち上がることができる。

生きていてぶつかる苦しみの多くは

それに抵抗するより

受け入れたときに軽くなる。

瞑想と慈悲の実践の専門家である

シャウナ・シャピロ教授は

『マインドフルネス』で受容についてこう言っている。

＊受容は受動的な諦念ではない。

認めることでも無関心でも敗北でもない。

受容とは、現在起こっていることをただ

受け入れるという意味だ。

それがよかれ悪しかれ、すでに起こっているからだ。

（中略）

現実をありのまま受け入れることで

私たちはふたたび状況をリードすることができる。

現実がしんどいときは

少し力を抜いて、ただ笑い飛ばすスキルも必要だ。

＊ シャウナ・シャピロ著『マインドフルネス』（原題：Good Morning, I Love You、未邦訳）
　 149〜151ページ

仕事がつらい日にはいつも
「ハンサラン山岳会」のおじさんたちを見て
たくさん笑った。
そして、父のくだらない冗談も
スルーしないで一緒に笑いたくなった。
相手の笑顔を見ているだけで笑えることもあるから。

ハードな一日を過ごしたお互いのために
笑顔を分かち合おう。

受容は諦念ではない。
受容は可能性の扉を開くことだ。

フランク・オスタセスキ

ときどき、自分に
いい経験をプレゼントする

〜〜〜

億万長者の実業家ビル・ゲイツは
夕食の席で子どもたちに
絶対にスマートフォンをゆるさなかった。
もちろん、それが望ましいことは誰でも知っている。
でも、仕事とケア労働を並行する一般的な家庭で
子どもたちのスマートフォン使用を完全に制御することは
幻想に近い。
たいていの子どもたちは
批判意識が芽生える前の年齢から
無分別にデジタルコンテンツに接するようになる。
ますます刺激的で消耗的なコンテンツに
時間を費やすタイプと
デジタル情報を見事に活用して
教育的・経済的利益を得るタイプ。
最近の子どもたちは
現実世界だけでなくデジタル世界でまでも
文化的に両極化しながら育つ。

デジタル機器がＭＺ世代*10の子育ての

必要悪であるとすれば

それ以前の世代には「愛のムチ」があった。

殴られるのがイヤで

十数年にわたり無理やり暗記してきたことを

成人になったいまはほとんど覚えてもいないし

適材適所に活用して暮らしているようにも思えない。

どうしてそこまで幼年時代を返上しなくては

いけなかったのだろう。

もしも、なにかをはじめて習うときに

恐怖や不安ではなく

好奇心、達成感、自己効力感などが基盤となる環境が

与えられていたら、どうだっただろう。

世の中と人生に対する価値観

自分を見つめる視線も

完全に別人になっていたと思う。

---

*10　MZ世代：「M世代」と「Z世代」を合わせた言葉。韓国ではメディアなどでよく使われる。
「M世代」とは、ミレニアル世代のことで、1980代前半から1996年ごろに生まれた世代。
アナログ時代に生まれ、デジタル時代への過渡期を経験。Y世代とも呼ばれる。「Z世代」とは、
Y世代（M世代）の次の世代で、1997年ごろから2010年ごろまでに生まれた世代。生まれ
たときからデジタル環境があり、デジタルネイティブとも呼ばれる。

このように親が与えてやれるものには
経済的なものだけでなく
目に見えない環境や習慣といった
「文化資本」も含まれる。
残念ながら、親や成長環境は選べないが
幸いにも私たちは
自ら経済活動を開始したあとは
よりよい文化的経験を選択することができる。

ときどき、自分にステキな公演を見せてあげて
新しい料理をごちそうし
詩集を一冊プレゼントしてあげよう。
それは単純な消費以上の
よりよい私の未来のための、よい投資になるから。

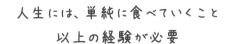
人生には、単純に食べていくこと
以上の経験が必要

自分の趣味に
値段をつけない

～～～

料理が上手な友人が
すばらしい食事をごちそうしてくれたときや
手先が器用な友人が
手づくりのすてきな小物を見せてくれたとき
多くの人たちはこうほめる。
「うわぁ！　これ売れるんじゃない？　起業したら？」
ほめて言っているのだが、こういう言葉の裏には
非生産的な活動に寛容でいられない人々の
心理が隠れている。
つくったものが「売れる」という言葉が
ほめ言葉になる理由。
それは、趣味がなんらかの経済的手段に変わるとき
いまよりもっと意味があると考えるからだろう。

趣味でつくった食べものや小物を
実際に売ることになったとしよう。
その瞬間、趣味はもはや余暇活動ではなく副業になる。
潜在的な稼ぎの手段に変質してしまうのだ。

このように趣味を収入を得る手段と考える

人たちがいる一方で

他人に認められるための道具と考える人たちもいる。

自分で自分を認められない人ほど

他人から認められたくてしかたがないので

趣味に励むすてきな自分の姿をSNSに必死にアップする。

このように充電の時間をなにかの手段にしはじめると

主体的だった活動に義務感が生じて

趣味のせいでストレスが増えることになりかねない。

私たちに毎日を耐える力をくれるのは

ほんのちょっとのムダな時間だ。

ただ面白いという理由で

非生産的なことをたまにしてこそ

生活に張り合いが出る。

だから、人生のコストパフォーマンスを考えるのはやめよう。

モノを買うときにはしっかりコスパを計算すべきだろうが

経験的な価値に値段をつけはじめると

純粋に楽しめるものが人生からだんだん消えていってしまう。

どうせやるなら生産的な趣味を選び

ムダなことには一切時間をかけないという人は

人生全体をフルで労働しているのと同じ。

ちょっと辛口に言うなら
自らを自発的な奴隷状態にしている
と言っても過言ではない。

自分を本当に愛するというのは大げさなことではない。
それはただ、なんの目的もなしに
やりたいことをする時間を自分にプレゼントすることだ。

私の趣味は商品ではありません。

小さな親切と
笑顔をつなぐ

~~~

数年前に南フランスの
サン・ポール・ド・ヴァンスという村を
旅したときのこと。
さすがは有名観光地で
いろんな国の人たちがたくさん来ていたが
そこでちょっと面白い親切を経験した。
ひとりで村を見てまわる途中
街角の公衆トイレに入ったら
50セントコインを入れないと
個室のドアが開かないしくみ……。
あらかじめ小銭を用意していなくて紙幣しかなかった私は
だんだん焦りを覚えながら
小銭があるはずもないバッグに手をつっ込んで
ゴソゴソやっていた。
すると、ちょうどそこへ
個室から出てきた外国人のおばさんが
私に向かって明るくほほえみ
ドアを開けたまま押さえていてくれた。

「サンキュー」とあいさつしただけで
ほかに言葉はかわさなかったが
私たちはお互いの気もちが通じた。
そして私もトイレを出るとき
おばさんがしてくれたように
ドアを押さえて、次の人に笑ってみせた。
人種も国も違う見知らぬ人たちが、危急な状況（？）で
お互いに条件なしの親切のバトンを渡し
みんな無事にトイレを使うことができた。

その日のトイレのドア以外にも、旅先のあちこちで
うしろの人のためにドアを押さえて待っていてあげる人に
大勢出会った。
ひとり、ふたりが親切に行動すれば
それが伝染して文化になるということを知った。
旅行後、韓国に戻ってきてからも
私が受けた親切がここでさらに続けばいいなと思った。
それで、外出先で
うしろから来る人のために
ドアを押さえていてあげるようにした。
相手が「ありがとう」と笑顔をくれたら
私もつられて笑顔になり
その日一日はさらに気分がよくなる。

こうやって1回笑うことで
チョコレートバーを2000個くらい食べるのと
同じレベルの幸福感が得られるというのだから
なんて大事なことだろう！

『つながり 社会的ネットワークの驚くべき力』の著者
ジェイムズ・ファウラー教授は
もし、ある人が幸せな場合
その友だちが幸せになる可能性は15パーセント高まり
その友だちの友だちが幸せになる可能性も10パーセント
その友だちの友だちの友だちが幸せになる可能性も
5パーセント高まると言う。
幸せと親切は伝染する。
だから、今日他人に小さな親切をすることは
未来の私がもっと幸せになる可能性を
貯蓄するようなものだ。

社会心理学者のエーリヒ・フロムはこう言った。
自分自身を愛することができる人は
自分と同じ人間である他人も愛することができるし
さらには人類を愛することができると。
言い換えれば
他人を愛することはまわりまわって自分を愛するということだ。

人は他人に多くのことを望まない。
ときには、ただ小さな親切と笑顔を差し出すだけで
お互いに救われることもある。

幸せな人は他人に意地悪をすることができない。
それは、その人にとって能力外のことだから。
不幸な人は他人に親切に接することができない。
それは、その人にとって能力外のことだから。

『ニセモノの幸せをすすめる社会』キム・テヒョン

● キム・テヒョン著『ニセモノの幸せをすすめる社会』（未邦訳）192ページ

他人にあたたかくできる人だけが
自分にもあたたかくできる。

聞きいれるべき忠告と
無視すべき非難を区別する

~~~~

ごきげんになるには10のほめ言葉が必要だが
なにげない非難のひと言だけでも
崩れてしまうのが人の心というもの。
それをよく知っていながら
サイバーブリング（Cyber-bullying
特定の人をネット上で集団でいじめたり
執拗に嫌がらせをする行為）をして
他人を傷つける卑怯な人たちがいる。

かれらが堂々とのさばるのには
努力だけではもはや富と成功の機会を得ることが難しい
時代的な背景も一因となっている。
いまの若い世代は
不安を原動力として発展・変化しようとするより
屈折した怒りを
弱者やマイノリティに向ける傾向が強まっている。
建設的な方法では自分の存在感を表せないときに
てっとり早くそれを確認できるのが暴力だと勘違いして。

かれらには他人から認められることと
無条件の愛という
心の酸素が不足している。
だから、自分の存在が消えるのを恐れるあまり
自分が他人にどんな傷を与えているのか
どんな犯罪を犯しているのか、気づかない。

自分に自信がある人は
他人をけなすことで自分の存在を確認したりしない。
反対に、自己肯定感が低い人ほど
優越感を得るために
より弱い立場にいる人を攻撃する。
自分の人生が停滞していて
統制力を失っていると感じるほど
その攻撃性は強くなり、外へと向かう。

挫折感を他人のせいにしないためには
自分の人生の主導権をとり戻さなければならない。

つねに自分だけの答えをもって
聞きいれるべき忠告と
無視すべき非難を区別できる人になろう。
そして、もう少し余裕をもって
助けが必要な人に手を差し伸べて寄りそえるなら
明日はもっといい世界に近づくだろう。

他人の答えではなく、
自分だけの答えを見つけること

心の扉を
ちょっぴり開けておく

~~~~~

子どものころ、スーパーに行くと
知らない人とも
買いものかごのなかの野菜をテーマに
気兼ねなく会話をする大人たちが不思議だった。
大人になった私は
見知らぬ人との会話どころか
店員さんに商品をすすめられるのもイヤで
イヤホンで耳をふさいで
目も合わせないようにしていた。
それが、スーパーで外国産大豆の豆腐を手にしたある日
私のかごを光の速度でスキャンし
さっと国産大豆の豆腐にとりかえてくれた店員のおばさん。
それをきっかけに、そこで出会う見知らぬ人の厚意に
少しずつ心を開くようになった。
ひょっとして押し売りされるんじゃないかと
怯えていた心を少しゆるめてみると
あちこちで気もちのいいおせっかいに出会う日が増えた。

自分が弱っているとき
つまり自己肯定感が下がっているときは
日常で出会う他人に不信感が芽生え
警戒するようになる。
もしも葛藤が生じたり攻撃にあったときに
自分を守る自信がないから
最初から高い壁をはりめぐらして、ピリピリする。
こうして低くなった自己肯定感を回復するには
「自分を愛せ」と決まって言われる。
でも、自分を愛するだけで十分だろうか。
もし自分だけを愛するばかりで
ほかの人が見えていなかったら
本当に幸せになれるのだろうか。

幸せに関する数多くの研究の共通した結論は
幸せのもっとも重要な条件は
人間関係と共同体である、というもの。
「幸せな人生とはなにか」について
ジョージ・E・ヴァイラント教授を筆頭に
72年間にわたり追跡研究を行った
ハーバード大学の研究チームは
人生においてもっとも重要なのは人間関係であり

幸せとは結局愛だと結論づけた。゜
心理学者ワーナーは、人間関係の力が回復力・弾性^{だんせい}にも
影響を及ぼすと言った。゜゜

けれども、現代は過度な長時間労働による疲労が
親密な相手との関係にまで影響を及ぼしているので
それに頼ることさえも難しいときがある。
一日中職場で消耗して、あるいは就職活動や学業に疲れて
家に帰ってくると、ずっと電池切れの状態だ。
もっとも大切な人たちに使うべきエネルギーが
外で全部枯渇^{こかつ}してしまう。
こうして生まれる親しい相手との葛藤が
鋭い矢となって、さらに社会全体に影響を及ぼし
お互いに不信感を抱く人が増える。

こういう悪循環を断ち切る方法は
結局、他人との連帯^{れんたい}だ。

゜ ジョージ・E・ヴァイラント著『幸せの条件』(原題：Aging Well: Surprising Guideposts to a Happier Life from the Landmark Harvard Study of Adult Development) 韓国語版9、18、53ページ、日本語版は『50歳までに「生き生きした老い」を準備する』米田隆訳、ファーストプレス
゜゜キム・テヒョン著『ニセモノの幸せをすすめる社会』(未邦訳) 179ページ

私たちのまわりには
連帯がもたらす幸せの意味を
すでに知っている人たちがいる。
国家的な災害が起こったときに
見知らぬ人を助けるために積極的に乗り出す人たち。
ヘーベイ・スピリット号原油流出事故の現場や
江原道(カンウォンド)の大きな山火事
大雨の被災者を助けるためのボランティアで
私たちは奇跡のような連帯の力を見てきた。

人をなにより傷つけるのも
また、それを癒やすのも
結局は人ではないか。
人に傷つけられた心を閉ざしておくこともできるが
誰かの善意に心を開いて
愛情のこもった真のぬくもりを分かち合うこともできる。
どちらを選ぶかはあなた次第だ。

スーパーの話に戻るなら
このごろの私は、知らないおばさんに話しかけて
どの果物が新鮮か、値段は手ごろかと尋ねたりする
大人になってきた。
この話を母にすると、母も

外で私と同じ年ごろの人が困っているのを見かけると
娘のことが思い出されて声をかけるのだと言う。
それを聞いたら
外で出会う中年の見知らぬ人たちに対して
前より心がオープンになった。
そして、買いもの先で出会うかれらを
「スーパーのお母さん」とこっそり呼んでいる。

最近、私はひとりで買いものに行っても
たくさんのお母さんたちに出会う。
私たちみんな、心の扉を少しゆるめに開けておこう。
そうやってお互いの「スーパーのお母さん」になろう。

人生における無上の幸福は
自分が誰かを愛し、
愛されているという確信である。

ヴィクトル・ユーゴー

どんなに近い間柄でも
守るべきところは守る

~~~~

盆正月に会うと小言を言ってくる遠い親戚。
私生活について根掘り葉掘り聞いてくる上司。
芸能人の配偶者の年齢、職業、年俸、家庭環境、過去まで
こと細かに書かれた芸能ニュース。

これらは韓国流おせっかいの代表的なものだと思う。
一方、映画やドラマでもっともよく見る
アメリカ流のおせっかいはこういうシーンだ。

泥酔状態で子どもを連れていたり
暴力的な行動をする親に出くわしたときに
児童保護局に通報するぞと
ためらいなく他人の家庭に介入する人々。

個人のプライバシーにはズカズカ踏み込むくせに
「よその家のことには口出しするものではない」と
見て見ぬふりをする空気になじんでいる私には
そんなシーンは新鮮で、いろいろ考えさせられた。

韓国だったら
似たようなシチュエーションに居合わせても
「よその家のこと」という理由で通りすぎる人が
多いのではないだろうか。
おせっかいが切実に求められる場面で
韓国社会は口をつぐむ。

韓国は西洋社会に比べて家庭内暴力による犯罪
とくに親族間の殺人がとりわけ
多い国のひとつだという。
そんな現実の特異な点をひと言で表しているのが
ニュースでよく聞く「同伴自殺」という変な単語だ。
親族間の殺人に「同伴」という単語をつける理由は
家族とは、運命共同体を超えた
事実上の生命共同体であると認識する文化が
存在するからだ。
つまり、家族構成員間の関係が
それだけきつく絡み合っている。

私たちのまわりには
家族という名のもとに犠牲を強要して
お互いを不幸に追い込む
心は病んでいるが表面的には仲よく見える

「ショーウインドー家族」がいる。

まだ幼い子どもを「友だちのような娘」とほめて

夫婦関係など大人の問題を愚痴ったり

「お父さんがいないときは息子のあなたが大黒柱だよ」

といった言葉で過度な負担感を与えたりする。

一見、子どもに親密に接して

信頼し合う関係のように見えるが

実際は暴力的で無責任な態度だ。

家族はお互いに対する義務と責任を共有する関係だけど

ひょっとして依存しすぎてはいないか

考えてみる必要がある。

家族も基本的には他人だ。

自分で解決すべき感情的な問題を

親や子に代わりに解決してもらうことはできない。

自分の感情を自分で扱えるようになったとき

絆と責任が正しく機能する健全な家族になれる。

「家族なのに、こんなこともわかってくれないの？」

ではなくて

家族だからこそ、もっと気をつかう必要があることを

覚えておこう。

犠牲と強要ではなく、境界を尊重することが
健全な関係をつくる。

もっとも親切に接するべき相手は家族だと考える。
子どもと妻には、
大統領よりも誰よりも親切にしようと思っている。

映画監督 チャン・ハンジュン、雑誌「marie claire」より

ギブアンドテイクに
執着しすぎない

~~~~

コメディドラマの
「ビッグバン★セオリー/ギークなボクらの恋愛法則」には
共感能力がやや劣り、几帳面でこだわりが強い
シェルドンというキャラクターが登場する。
面白いことに、彼はプレゼントが嫌い。
なんでもきっちり合わないと気がすまない性格なので
誕生日やクリスマスのプレゼントをやりとりするときに
お互いにあげたものの価格や価値が正確に一致しないと
モヤモヤするという理由からだ。
たとえ、もらったぶんだけお返しができたとしても
結局ゼロサムゲームになるので
プレゼントというのは意味がないと
一席ぶつシーンがコミカルに描かれる。

人から傷つけられたり不利益を被ったとき
そっくりそのまま返さないと
気がすまない人がいるように
他人から受けた厚意や思いやりも

同じように返さないと
心中穏やかでいられない人がいる。
シェルドンのように強迫症のせいでなければ
与えるほうが楽という心の奥底に
本物の利他心があるのか
それとも、なにかを差し出さなければ
好きでいてもらえなそうで不安なのか
区別する必要がある。
こういう不安は、他人に影響力を行使できなければ
自分の存在価値を確認できないと考えることからくる。
自分を好きでない人がいることや
与えたぶんだけ返してもらえないこともあるということを
気楽に受け入れられるのが成熟した大人だ。
与える行為によって全員から好きになってもらわないと
心が楽にならないなら
それはニセの自己肯定感を育てているのかもしれない。

誰もが他人から認められたいし
愛されたいと思う。
それは3歳の子どもでも80歳の老人でも同じ。
その欲求自体は恥ずかしいことではないし
ときには、他人の厚意と助けに気兼ねなく甘えて
心から感謝するだけでも十分。

だから、自分が本当に望んでいることはなんなのか
心の奥底の声を聞いてみて、自分に素直になろう。

厚意や親切は必ずしも１対１でやりとりしなくてもいい。
「鍾路（チョンノ）でビンタされて漢江（ハンガン）に行ってにらみつける」*11
ということわざがあるように
反対に考えてみれば、利他的な行動も循環する。
鍾路で受けた恩を漢江に行って返してみたらどうだろう。
そのはじまりとして、私たちは誰かから差し出された
温かい手をただ受け入れればいい。

*11　「鍾路（チョンノ）でビンタされて漢江（ハンガン）に行ってにらみつける」：「江戸のかたきを長崎で討つ」と同じ意
　　味。意外な所、時または筋違いなことで、過去の仕返しをすること。

愛情をもらった人のほうが
与えるのも上手

CHAPTER
6

明日はもっと
輝くはず

幸福は小鳥のようにつかまえておくがいい。
できるだけそっと、ゆるやかに。
小鳥は自分が自由だと思い込んでさえいれば
喜んでお前の手のなかにとどまっているだろう。

ドイツの劇作家　ヘッベル

心にポジティブを
ひとさじ加える

~~~~~

頭ではわかっているのに
行動がともなわないことがある。
「朝、目を覚ました途端からスマートフォンを見ない」
「ごはんを食べてすぐに横にならない」
「あと5分だけ寝るって言わない」
などなど。
どんな選択がより自分のためになるのか
よくわかっていながら
頭と体がバラバラで、もどかしい。

目標どおりに行動できなかった
過去の記憶が残していったネガティブな感情は
時間が経つにつれて無意識まで根をおろしてしまう。
それで、ときどき、新しい挑戦をしようとすると
心のなかからこんな声が聞こえてきたりする。

「前にやってみたけど、全然ダメだったじゃん。
今回もダメだと思うな」

こんな声が内側でリピートされると
なにかを試してみようという原動力が失われる。
脳がなにかを指示している途中に
心が拒否反応を起こすと
行動につながりにくくなるので。

そんなとき、私たちには
肯定的なストーリーが必要だ。
置かれた状況を客観的に見すぎないで
ポジティブな視線をひとさじ加えると
心を動かすのがぐっと簡単になる。
じつは、私たちはすでに日常生活のなかで
このトリックをよく使っている。
すなわち、不都合な真実に向き合いたくなくて
「自己正当化」するとき。

自己正当化は、よくない面もあるけれど
いい方向にうまく活用すれば
やってみたいことを行動に移すときに役に立つ。

「前にやったときは調子がよくなかっただけ。
もう一度やってみたら、うまくいくかもよ？」

挑戦するのが怖いときは
こんなふうにプラスに自己正当化をしてみよう。
これまで足を引っぱってきたネガティブな感情と
さよならする勇気が出るから。

全員を満足させることはできない
と覚えておく

～～～

会社員の2大虚言は
「辞めてやる」と「YouTubeをやる」だという
笑い話がある。
辞表を出すのもYouTubeチャンネルを運営するのも
思っているほど簡単でないことを
自嘲的に表現しているせいか
多くの人の共感を得た。
じつは、私もそのうちのひとつを
宣言して歩いたひとりで
兼業でYouTubeでもやってみようかと
威勢よくはじめたが
いまはそんな考えはきれいさっぱりたたんだ。
YouTubeをやっていて一番しんどかったのは
意外にも「低評価」ボタンだった。
悪質なコメントには反論したり消すこともできるけれど
「低評価」には私がとれる対応が
なにひとつなかったので。

YouTuberでもないのに「低評価ボタン」と
似たようなものを押されることがある。
会社で「人事評価」という名前で
社員に烙印を押すアレ。
表面的には、上司と部下が平等に
お互いを評価する権利をもつこともあるけれど
匿名性が保証されない場合が多く
上から下への評価だけがなされるのが現実。
そんな状況で、はたして本来の目的に忠実に
社員の能力アップが図れるのだろうか。

社会が人を評価して規定しようとする理由は
そうしておけば
今後のことをてっとり早く予測して
方向を決めることができるからだ。
多少野蛮な人事評価であっても
各自の能力をもっともうまく発揮できるポストに配置し
適応を助けるために活用するのであれば
烙印を相殺する効果もあるだろう。
でも、その過程で残るトラウマを考えるなら
根本的にいい方法とは言えない。

＊私たちが不快な状況を経験したときに激しく起こる
否定的な感情は、まるで入れ墨のように
脳に苦痛の痕を残すという。
脳科学者のエドワード・ハロウェルは
これを「脳の焼き付き」と呼ぶ。
いくら強い自信をもった人でも
否定的な感情を呼び起こす反応にずっと接していると
結局、その感情が脳に刻まれるということだ。
会社の話に戻るなら
業務評価で低い点数をつけられたとしても
それが業務能力に限った話であればかまわないが
ひとりの人としての価値評価につながると問題になる。
さらに、評価が間違っているときに
対応する術がないとしたら
どんなに自分に言い聞かせても
自己肯定感を攻撃されるしかない。
職場で受ける不当な扱いを耐え抜けないほど
弱虫だからではない。
不当なことに対抗する権限さえも遮断されている状況では
どんな人でも挫折するものだ。

＊ クリスティーン・ポラス著『Think CIVILITY（シンク・シビリティ）「礼儀正しさ」こそ最強
の生存戦略である』夏目大訳、東洋経済新報社、68ページ

経営学界のトピックに

「心理的安全性（Psychological Safety）」

という概念がある。

ミスや失敗をしても非難されないという

安心感があってこそ

より大きな創造性やパワーを発揮できる、というもの。

誰かが失敗して挫折していたら

その挫折感を包み込み

新しい学びの機会として扱う社会であってほしい。

自分がいくらベストを尽くしても

不満のある人が必ずひとりやふたりはいるもの。

他人の否定的な評価は

自分の努力とは別の問題だということを

忘れないようにしよう。

あなたには、どんな状況でも挫折しない権利がある。

うまくやっているときでも
どうせ全員を満足させることはできない
という事実をつねに覚えておく!

ほ め 言 葉 に
簡 単 に 踊 ら さ れ る 人 に な る

～～～～

生きていると、他人の言葉に動揺することばかり。
年に１～２回会う親戚の説教っぽいひと言に
同僚が無意識に放ったおせっかいなひと言に
SNSについた誰かのコメントに
その日一日フラフラするくらい
心を揺さぶられてしまう。
たいていの人は
いい言葉より、否定的な言葉に敏感だ。
ここには進化と関係した理由がある。
われわれの祖先はつねに生存に対する
脅威のなかで暮らしてきたので
生き残るためには
危険な状況を速やかに察知しなければならなかった。
そんなわけで、人間の脳は自然と
否定的な刺激により早く反応するように進化した。*

* ヤン・ウヌ著『あなたの脳は決して急がない』（未邦訳）164ページ

それで、現代を生きる私たちも
ストレスを受けたり非難をされたときに
脳がそれを脅威と認識し
より敏感に反応するのだという。
だから、否定的な言葉に私たちの心が
影響を受けやすいのは当然でもある。
言い換えれば、肯定的な言葉をよりたくさん吸収するには
自然に逆らった意識的な努力が必要だということだ。

これまで、誰かに投げかけられた
否定的なひと言にはすぐに動揺するくせに
ほめ言葉は聞き流すことが多かったように思う。
これからはその反対にすることにした。
小さなほめ言葉にも
ガソリンスタンド前で風に舞うエアダンサーのように
楽しく腕を振って踊るように生きていこうと。
ほめ言葉に簡単に踊らされる人になろうと。

すごい、すごい。
上手〜！

初心よりもレベルアップした
明日の心で生きる

〜〜〜

幼いころから目が悪くて、長いことメガネをかけていた。
レーシックをして
メガネとは永遠にお別れしたと思っていたのに
数年前から徐々に視力が落ちて、またメガネに戻った。
それで落ち込んでいたある日
私と同じ時期に手術をして
同じようにまた視力が落ちた友人と話をしていて
ハッとさせられることがあった。

「また目が悪くなってガッカリじゃない？
メガネなしでどうやって暮らしてるの？」と聞くと
友人は豪快に笑って答えた。
「別に、見ないで生きてる！　ハハハ」

友人の態度はじつに能動的だった。
見えなくなった状態に甘んじるのではなく
まるで「見ない」ことを自ら選択したかのように。
友人は変化をすでに普通に受け入れているようだった。

友人が言うように
少しぼやけた世界で暮らすのも悪くないな、と思った。

たいていの人は変化をあまり好まない。
とりわけ韓国人が変わらないことがどれだけ好きかを示す
単語がある。
「初心」
私たちは「初心を忘れないようにしよう」と誓うのが好きだ。
ところが、英語文化圏では
それに相当する概念が一般的でないのか
初心を直訳できる単語がないらしい。
(翻訳機は「A beginner's mind」と教えてくれる)

韓国文化圏では、初心を失いがちな自分を責め
罪悪視するほど警戒しているように思う。
昨日の私と今日の私は違うし
今日の私と明日の私が違うのは当然なのに。
私たちは変わるものだからこそ
もっとよくなることもできる。
過去の自分のイマイチだった点を思い出して
後悔できるのなら
それだけ変化したということ、成長したということだろう。

ある変化は、好きか嫌いかに関係なく
ただそれが自然なことだから起こる。
私たちにできるのは、変化を受け入れる
心のスペースを用意しておくことだけだ。
だから、自分でどうにもできない変化は受け入れて
ただ、流れにまかせよう。

初心なんて、いくらでも失っていい。
私たちには、初心よりもレベルアップした
明日の心、明後日の心があるから。

もっとも強い者が生き残るのではなく、

もっとも賢い者が生き延びるのでもない。

唯一生き残ることができるのは、変化できる者である。

チャールズ・ダーウィン

友人に接するように
自分に親切にする

〜〜〜

幼いころ、握力が弱かった私は、よくものを落とした。
そして、そのたびに冗談っぽく
「あ〜らお上手！　そうやってぜ〜んぶ壊しちゃえ〜！」
みたいな反応をされることに慣れていた。
怖いのは、大人になってからも、小さなドジをするたびに
ひとり言で自分を皮肉る習慣がついてしまったことだ。
「いつもそんなことできて、すごいねぇ！」と。

友人がドジをしたときに、面と向かってこんなふうに
皮肉を言ったり非難して、恥をかかせる人はいないだろう。
そういうとき、私たちは普通、寛大な態度をとって
「びっくりしたでしょう。ケガはなかった？」などと
心配したり、慰める。
*なのに、自分がミスをしたときは厳しい物差しを突きつけて
容赦ない自己批判（Self-criticism、罪悪感と
無価値さを含む自己に対する過酷な評価）を浴びせる。

• キム・ヘリョン著『不安という慰め』(未邦訳) 61ページ

そうやって自ら叱って罰を与えれば
もっとよくなると勘違いして。
しかし、他人から批判されたら傷つくのと同じで
自己批判の言葉もやはり私たちを萎縮させ、傷つける。

テキサス大学心理学科のクリスティン・ネフ教授は
「セルフ・コンパッション」という概念について説く。
それは、苦境に立たされた自分を非難する代わりに
友人に接するように親切に接することを意味する。
たとえ私たちがなにか間違っていてもだ。
私たちが自分に思いやりの心を抱くとき
脳では安心感や親密感を促進するホルモンが多量に分泌され
苦しみを和らげ、気分もよくしてくれる。
また、自分自身に優しく接することを学んだ人ほど
ミスを成長のチャンスととらえようとする
という研究結果もある。*

私たちは成功と失敗を白黒思考*12でとらえがちだが
じつはそのあいだには
「成功に近い失敗」と「失敗に近い成功」もある。

* シャウナ・シャピロ著『マインドフルネス』（原題：Good Morning, I Love You、未邦訳）
　121〜123ページ

*12　白黒思考：状況を「白か黒か」といった、たったふたつの極端なカテゴリーでとら
　　えること。「全か無か思考」とも呼ばれる。

結果的に失敗したとしても
挑戦からなにかを学んだならば、私たちは発展できる。
そのために自分自身とポジティブな会話をし
挑戦を続けていかなければならない。
最初は反射的に自己批判的な
言葉や思考が飛び出すこともある。
それでも大丈夫。
少しずつ時間をかけて変えていけばいい。
些細なミスには「大丈夫」、「大したことない」
「そういうこともあるよ」と
自分に言ってあげる習慣を身につけよう。

ミスは失敗ではない。
だからミスしても大丈夫。
だけど、ミスからなにも学ばず
挑戦すらもあきらめるなら
そのときは本当に失敗することになる。

ミスして落ち込んでいる自分に
少しだけ時間を与えて、自分を信じてあげよう。
自分に十分に信頼されて
私たちははじめて成長できる。

大したことじゃないよ

大丈夫

そういうこともあるって

私たちは、ミスから学んで成長する。

毎日小さくて
新しい発見をする

～～～

歩道に敷き詰められたブロックの
狭い隙間からどうにか伸びている草を見て
妙な（?）反省をする日がある。
「草もあんなに一生懸命生きてるのに……」
ひとりでこんなことを考えながら、フッと笑った。
なかなか先に進まない難しい哲学書よりも
自然や生活のなかで
こんなふうに本物の「生」に出会う瞬間がある。
毎日目にする草も、ただ通りすぎる日もあれば
自分の気もちや心の状態によって
まったく違って見える日もある。

日常に押しつぶされ
私たちはいつも決まった見方でしかまわりが見えない。
そして、「生きるのが面白くない」と言う。
人生を楽しむには、それなりの練習が必要だ。
なかでももっとも重要なのは
世の中を眺める自分ならではの視点をもつこと。

なにも考えずにただ生きていくのなら
ほかの動物と変わらない。
人間だからこそできるのは、毎日の生活のなかで
自分なりの発見をしながら生きていくことだ。

小さな変化からも
自分ならではの視点で気づきを得ることができれば
日常をもっと楽しめるのではないだろうか。
少し大げさに言うなら
私はそれが人生の目的であり本質なのではないかと思う。
人生にはちょっとしたメタファーが必要だ。

私たちの生き方には二通りしかない。
奇跡などまったく起こらないかのように生きるか
すべてが奇跡であるかのように生きるかである。

アルベルト・アインシュタイン

夢と職業を
分けて生きる

～～～

夢に対する大きな勘違いのひとつは
夢を叶えれば永遠の幸せが保証されるという幻想だ。
長い就職活動の末に夢を叶えたが
出勤と同時に退社を夢見るようになるという
会社員のふてくされた声をよく耳にする。
あれほど願っていた夢を叶えたのに
どうしてその後
末永く幸せに暮らしましたという話は
聞こえてこないのだろうか。

どんなに願っていたすごいことをなし遂げたとしても
その幸福感が一生続かない最大の理由は
それに適応してしまうことにある。
望んでいた職業を手に入れたときの達成感と快感は
一定の時間が経つと
それを得る前の初期値に戻るようになっている。
だから、いくら切実に望んでいた夢が叶っても
それが毎日する仕事になると

退屈でしんどくなるのだ。

望んでいた職業についても一生幸せではいられない
もうひとつの理由は
私たちが「夢」と「職業」を混同していることだ。
私たちが考える「夢」というものは
範囲がきわめて限定的だ。
たとえば、宇宙飛行士になるのが夢だと言う子はいても
世界平和に寄与するのが夢だと言う子は多くない。
もし、この子が大きくなって宇宙飛行士になれなかったら
宇宙飛行士以外のたくさんの職業のうち
どんな仕事をすることになっても
この子は一生夢を叶えられなかった人になる。
けれども、世界平和に寄与する方法は無限にある。
「世界」や「平和」と
まったく関係のない職業についたとしても
関連団体に寄付をするだけで
夢を叶えることができるのだから。

私たちは「夢を叶えれば幸せになれる」という言葉を
あまりにも当然のように信じて生きている。
これからは、この絶対的な古い命題を
少し違った視点から考えてみてはどうだろう。

そうすれば
単に職業と職場内で幸せを求めてさまよわなくても
私たちはいつだって夢を叶えながら生きていける。

仕事が人生のすべてだと思わないで。

誰でも胸のなかに
退職届の1枚くらい隠しもって
出勤するじゃないですか。

自分を幸せにするものについて
しょっちゅう考える

〜〜〜

YouTubeを見ていると
よく目につくタイトルのパターンがある。
「カフェをはじめてはいけない理由」
「株をしてはいけない理由」
「結婚してはいけない理由」
などなど。
しようかどうか悩んでいる人たちの心を
正確に見抜いているからだろうか。
たいてい再生回数も多い。
はじめるのが怖くて
言い訳を見つけて正当化したい人たちにとっては
かなり惹かれる映像だろうから。

やりたいことのために努力する自信がないとき
人はそれができない理由を絶えず探し、正当化する。
とくに、努力するのに疲れたときはなおさらだ。
自分が自分の敵になって
自分自身にガスライティング（心理的な支配）を

することもある。

私にはできっこない、

試してみたところでうまくいかない、と。

不幸に対する強いナンセンスな信念を育んでいく。

しかし、未来に起こることを

いまのうちから確信するというのは

おなかが空いているときに買いものをするようなものだ。

いま現在の空腹感がとても強烈なので

おなかがいっぱいになった状態を正確に予測できず

むだに食材を買い込んだ経験が一度はあるだろう。

同じように、いま現在抱えている困難は

とても強烈に感じられるので

未来にもまったく同じ量の苦痛があると勘違いしやすい。

だから、不幸なことを多めに経験した人は

つねに「なにを避けるべきか」をまず考える。

そうやって、将来に待ち受けている不幸に

あらかじめ備えようとする。

反対に、幸福指数が高い人は

「なにをすれば幸せになるか」をもっと考える。

自分を幸せにしてくれるものや自分が好きなことを

しょっちゅう考えるので

世の中を前向きに眺め
自信たっぷりに生きていくことになる。

人生に対する態度が肯定的ならば
実際にいいこともたくさん起こるし
たとえ不幸なことが起こっても、比較的すぐ克服できる。

もちろん、私たちの現実は
毎日いいことずくめのドラマではない。
不幸なことは実際に降りかかる。
たまには勇気が出ないこともある。
でも、不幸になると決めてかかるのはやめよう。

人生を正しく生きるための最善の方法は
できるだけたくさんのものを愛することだ。

ゴッホ

自分の人生を「花」に
できるのは自分だけ

著者
ダンシングスネイル

折々の幸せを失わないために、その瞬間瞬間にとどまるために、絵を描いて文を書く。いい本というのは友だちのような存在だと信じているから、この本がいつかあなたのそんな友だちになってくれたらと思う。

大学でデザインを専攻した後、絵と心の相関関係に関心をもち、美術心理カウンセラー課程を修了。カウンセリングセンターで美術療法士として働いた経験を生かし、現在は、毎日絵と文によるセルフヒーリングを実践している。

これまでの作品のうち、『怠けてるのではなく、充電中です。』『ほっといて欲しいけど、ひとりはいや。』（CCCメディアハウス）は、日本、台湾、タイ、インドネシアなどで翻訳出版された。『死にたいけどトッポッキは食べたい』（ペク・セヒ著、山口ミル訳、光文社）など多数の本のイラストも描いている。

インスタグラム　@dancing.snail
https://brunch.co.kr/@dancingsnail

訳者
生田美保（いくた・みほ）

1977年、栃木県生まれ。東京女子大学現代文化学部、韓国放送通信大学国語国文科卒。訳書に、ファン・インスク『野良猫姫』（クオン）、キム・ヘジン『中央駅』（彩流社）、イ・ミョンエ『いろのかけらのしま』（ポプラ社）、ダンシングスネイル『怠けてるのではなく、充電中です。』（CCCメディアハウス）などがある。

幸せになりたいけど、頑張るのはいや。
もっと上手に幸せになるための58のヒント

2023年3月31日　初版第1刷発行

著　者　ダンシングスネイル
訳　者　生田美保
発行者　小川　淳
発行所　SBクリエイティブ株式会社
　　　　〒106-0032　東京都港区六本木2-4-5
　　　　電話：03-5549-1201（営業部）
ブックデザイン　眞柄花穂、石井志歩（Yoshi-des.）
Ｄ Ｔ Ｐ　株式会社RUHIA
編　集　杉本かの子（SBクリエイティブ）
印刷・製本　三松堂株式会社

本書をお読みになったご意見・ご感想を
下記 URL、または左記QRコードよりお寄せください。

https://isbn2.sbcr.jp/17431/

JN060158